Nouvelles observations sur les abeilles Huber (naturaliste)

Note de l'éditeur

Les descriptions du livre que nous demandons aux libraires de placer en évidence préviennent qu'il s'agit d'un livre historique contenant de nombreuses coquilles ou du texte manquant ; il n'est pas référencé ni illustré.

Le livre a été créé en recourant au logiciel de reconnaissance optique de caractères. Le logiciel est précis à 99 pour cent si le livre est en bon état. Toutefois, nous comprenons que même un pour cent peut représenter un nombre agaçant de coquilles ! Et, parfois, il peut manquer une partie d'une page voire une page entière dans notre copie du livre. Il peut aussi arriver que le papier ait été si décoloré avec le temps qu'il est difficile à lire. Nous présentons nos excuses pour ce désagrément et remercions avec gratitude l'assistance de Google.

Après avoir recomposé et reconçu un livre, les numéros de page sont modifiés et l'ancien index et l'ancienne table des matières ne correspondent plus. Pour cette raison, nous pouvons les supprimer ; sinon, ignorez-les.

Nous corrigeons attentivement les livres qui vendront suffisamment d'exemplaires pour payer le correcteur ; malheureusement, c'est rarement le cas. C'est pourquoi, nous essayons de laisser aux clients la possibilité de télécharger une copie gratuite du livre original sans coquilles. Entrez simplement le code barre de la quatrième de couverture du livre de poche dans le formulaire Livre gratuit sur www.RareBooksClub.com.

Vous pouvez également remplir les conditions pour adhérer gratuitement et à l'essai à notre club de livres pour télécharger quatre livres tout aussi gratuitement. Entrez simplement le code barre de la quatrième de couverture sur le formulaire d'adhésion qui se trouve sur notre page d'accueil. Le club de livres vous permet d'accéder à des millions de livres. Entrez simplement le titre, l'auteur ou le sujet dans le formulaire de recherche.

Si vous avez des questions, pourriez-vous d'abord consulter la page de notre Foire Aux Questions sur www.RareBooksClub.com/faqs.cfm ? Vous pouvez également nous y contacter.
General Books LLC™, Memphis, USA, 2012. ISBN: 9781235051661.

※ ※ ※ ※ ※ ※ ※ ※

PRÉFACE.

En publiant mes observations sur les abeilles je ne dissimulerai point que ce n'est pas de mes propres yeux que je les aî faites. Par une suite d'accidens malheureux, je suis devenu aveugle dans ma première jeunesse; mais j'aimois les sciences, et je n'eu perdis pas le goût en perdant l'organe de la vue. Je me fis lire les meilleurs ouvrages sur la physique et sur l'histoire naturelle: j'avois pour lecteur un domestique (*François Hurtiens, né dans le Pays-de-faud*) qui s'intéressoit singulièrement à tout ce qu'il me lisoit: je jugeai assez vite par ses réflexions sur nos lectures, et par les con séquences qu'il savoit en tirer, qu'il les comprenoit aussi bien que moi, et qu'il *Tome /*, i

étoit ne avec les talens d'un observateur. Ce n'est pas le premier exemple d'un homme, qui, sans éducation, sans fortune, et dans les circonstances les plus défavorables, ait été appelé par la nature seule à devenir naturaliste. Je résolus de cultiver son talent et de m'en servir un jour pour les observations que je projetois: dans ce but, je lui fis répéter d'abord quelques-unes des expériences les plus simples de la physique; il les exécuta avec beaucoup d'adresse et d'intelligence; il passa ensuite à des combinaisons plus difficiles. Je ne possédois pas alors beaucoup d'instrumens, mais il savoit les perfectionner, les appliquer à de nouveaux usages, et, lorsque cela devenoit necessaire, il faisoit lui-même les machines.dont nous avions besoin. Dans ces diverses occupations, le goût qVil avoit pour les sciences devint bientôt une véritable passion, et je n'hesitai plus a lui donner toute ma confiance, paffaitetnent assuré de voir bien en voyant par ses yeuxi

La suite de mes lectures m'ayant conduit aux beaux mémoires de M. de Réaumur Sur les abeilles, je trouvai'dans cet ouvrage un si beau plan d'expériences, des observations faites avec tant d'art, une logique si sage, que je résolus d'étudier particulièrement ce célèbre auteur, pour nous former mou lecteur et moi à sort école, dans l'art si difficile d'observer la nature. Nous commençâmes à suivre les abeilles dans des ruches vitrées, nous répétâmes toutes les expériences de M. dé Réaumur, et nous obtînmes exactement les mêmes résultats lorsque nous employâmes les mêmes procédés. Cet accord de nos observations avec les siennes me fit un extrême plaisir, parce qu'il me donnoit la preuve que je pouvois m'eu rapporter absolument aux yeux de mon élève. Enhardis par ce premier essai, nous tentâmes de faire sur les abeilles des expériences entièrement neuves; nous imaginâmes diverses constructions de ruches auxquelles on n'avoit point encore pensé, et qui présentoient de grands avantages, et nous eûmes le bonheur de découvrir des faits remarquables qui avoient échappé aux Swammerdam, aux Réaumur et aux Bonnet. Ce sont ces faits que je publie dans cet écrit: il n'en est aucun que nous n'ayons vu et revu plusieurs fois, pendant le cours de huit années que nous nous sommes occupés de recherches sur les abeilles.

On ne peut se faire une juste idée de la patience et de l'adresse avec lesquelles

Buraens a executé les expériences que je vais décrire: il lui est arrivé souvent de suivre pendant vingt-quatre heures, sans se permettre aucune distraction, sans prendre ni repos ni nourriture, de suivie, dis-je, quelques abeilles ouvrières de nos ruches, que nous avions lieu de croire *i* féconds, afin de les surprendre au moment où elles poudroient des œufs. D'autres fois, lorsqu'il nous importoit d'examiner toutes les mouches qui habitoient une ruche, il ne recouroit pas à l'opération du bain, qui est si simple et si facile, parce qu'il a voit aperçu que le séjour dans l'eau défigure les abeilles jusqu'à un certain point, et ne permet plus de reconnoître les petites différences de conformation que nous voulions constater; mais il prenoit entre ses doigts,

à une, toutes les abeilles, et les examinoit avec attention sans redouter t Jeur colère: il est vrai qu'il avoit acquis pne telle dextérité, qu'il évitoit pour l'ordinaire les coups d'aiguillon 3 majs il n'étoit pas toujuvs a,ussj heureux, et lors même qu'il étoit piqué, il continuait son, çxamen avec la tranquillité la plus parfaite. Je me reprochois fréquemment de mettre son courage et sa patience à une telle épreuve,. mais il s'intéressoit aussi 'vivement que moi au succès de nos expériences, et dans l'exttême désir qu'il fl.vojt d'ea coano.itre les résultats, il çomptoit pour rien la peine, la faligue et les douleurs passagères des piqûres. Si donc il y a quelque mérite dans nos découvertes, j'en dois partager l'honneur avec lui; et c'est une grande satisfaction pour moi de lui assurer cette récompense, en Iqi rencfônt publiquement justice.

Tel est le reeit fidèle des circonstances dans lesquelles je me suis trouvé: je ne me cache point que j'ai beaucoup à faire pour gagner la confiance des naturalistes; mais pour être plus sûr de l'obtenir, je me permettrai ici un léger mouvement d'amour-propre. J'ai communiqué successivement à M. C. Bonnet mes principales observations sur les abeilles; il les a trouvées bonnes, il m'a exhorté luimême a les publier, et c'est avec sa permission que je les fais paroître sous ses auspices. Ce témoignage de son approbation est si glorieux pour moi, que je n'ai pu me refuser au plaisir d'en informer mes lecteurs.

Je ne demande point qu'on me croie uniquement sur ma parole: je raconterai nos expériences et les précautions que nous avons prises: je détaillerai si exactement les procédés que nous avons employés, que tous les observateurs pourront répéter ces expériences; et si alors, comme je n'en doute point, ils obtiennent les mêmes résultats que moi, j'aurai cette consolation, que la perte de ma vue ne m'aura pas rendu toutTàfait inutile progrès de l'histoire naturelle.

NOUVELLES
OBSERVATIONS
SUR
LES ABEILLES.
LETTRE PREMIÈRE.

Sur laféooncfation de la Reine-abeille,
Pregny, 1 3 Août

Monsieur, j'ai eu l'honneur de vous rendre compte à Genthod de mes principales experiences sur les abeilles, vous avez désiré que j'en écrivisse tous les détails, et que je vous les envoyasse, pour que vous pussiez en juger avec plus d'attention. Je Iq suis donc pressé d'extraire de rocs joui' naux les observations ci-jointes. Rien ne pouvoit être aussi flatteur pour moi que l'intérêt qne vous voulez bien prendre au succès de mes recherches, Permettez-moi donc de vous rappeler la promesse que vous m'avez donnée de m'indiquer de nouvelles expériences à tenter.

Après avoir long-tems suivi les abeilles dans des ruches vitrées, construites sur les proportions. qu'indique M. de Réaumur, vous avez senti, Monsieur, que leur forme n'étoit pas favorable à l'obServateur, parce que ces ruches sont trop épaisses, que les abeilles y construisent deux rangs de gâteaux parai lèles, et que conséquemment fout ce qui se passe entre ces gâteaux échappe à l'observation: d'après cette remarque, qui est parfaitement juste, vous avez conseillé aux naturalistesde se servir de ruches beaucoup, plus plattes, ou dont les verres fussent tellement rapprochés l'un de l'autre, qu'il ne put y avoir entr'eux qu'un seul rang de gâteaux. J'ai suivi votre conseil, Monsieur j'ai fait faire des ruches de dix-huit lignes d'épaisseur seulement, et je n'ai pas eu de peine à y établir des essaims. Mais il ne faut pas s'en rapporter aux abeilles du soin de construire un gâteau simple dans le plan de la ruche; elles ont été instruites par la nature à bâtir des gâteaux parallèles, c'est une loi à laquelle elles ne dérogent jamais, lorsqu'on ne les y force pas par quelque disposition particulière: si donc on les laissoit faire dans nos ruches minces, comme elles ne pourroient pas construire deux gâteaux: parallèles au plan, dela ruche, elles en construiroient plusieurs petits, perpendiculaires à ce plan, et alors tout ce qui se passeroit entre les gâteaux seroit également perdu pour l'observateur: il faut donc arranger d'avance les gâteaux. Je les fais placer de manière que leur plan soit bien perpendiculaire à l'horizon, et que leurs deux surfaces soient des deux côtés à trois ou quatre lignes des verres de la ruche. Cette distance laisse aux abeilles une liberté suffisante, mais çlle leur ôtç celle de former, en s'accu mulant, des grappes ou des massifs trop epais sur la surface des gâteaux. A l'aide de ces précautions, les abeilles s'établissent facilement dans des ruches aussi minces: elles,y font leurs travaux avec la même assiduité et le même ordre, et comme il n'y a aucune cellule qui n'y soit à découvert, nous sommes parfaitement sûrs que les abeilles ne peuvent nous y cacher aucun de leurs mouvemens.

Il est vrai qu'en obligeant ces mouches à se contenter d'une habitation où elles ne pouvoient construire qu'un seul rang de gâteaux, j'avcis, jusques à un certain point, changé leur situation naturelle, et cette circonstance pou voit paroître capable d'altérer plus ou moins leur instinct. JPima ginai donc, pour prévenir toute espèce dobjection, une forme de ruches, qui, sans perdre l'avantage de celles qui sont très-minces, se rapprochât beaucoup plus de la forme des ruches ordinaires, où les abeilles contruisent plusieurs rangs de gâteaux parallèles. En voici en peu *au mots* la description.

() Je me procurai plusieurs petits chassis de sapin d'un pied en carré, et de quinze lignes d'epaisseur: je les fis joindre tous () Voyez la planche première dont je joins ici l'explication. *Explication dt la planche première.*

La ruche *en livre* est composée de la réunion de douze chassis placés verticalement et parallèlement les uns aux autres.

La figure i." représente un de ces chassis: les mon*l&nsfg.fg* doivent avoir douze pouces, et les traverse» *ff) SS* f dix; l'épaisseur des montans et des traverses sera d'un pouce, et leur largeur de quinze lignes j il est important que cette dernière mesure soit exacte.

aa, Parcelle de gâteau qui sert à diriger les abeilles dans leurs travaux. *d* Liteau mobile qui sert à supporter sa partie inférieure. *b b, b b,* Chevilles dont l'usage est de contenir le gâteau dans le plan du chassis: il y en a quatre de l'aulra côté que l'on ne peut voir dans cette figure; mais la figure 4 montre comment elles doivent être placées. *e e,* Chevilles plantées dans les traverses au-dessous du liteau mobile, dans les montans, et pour le soutenir. La figures représente une ruche en livre, composée de douze cadres tous numérotés. On voit entre le sixième et le septième chassis, deux planches avec leurs recouTremens qui divisent cette ruche en deux parties égaJes, et qui n'y doivent être placées que lorsqu'on veut la ensemble par des charnières en sorte! qu'ils pussent s'ouvrir et se fermer à Volonté comme les feuillets d'un livre et je fis Couvrir les deux chassis extérieurs par des carreaux de verre qui représentoient la couverture du livre. Lorsque nous voulions employer les ruches dei cette forme, nous avions soin de fixer un gâteau de cellules dans le plan de chacun de nos chassis j nous introduisions ensuite toute la quantite d'abeilles dont nous avions besoin pour chaque expérience particulière; puis, en ouvrant successivement les divers chassis, noua inspections plusieurs fois tous les jours, chaque gâteau sur scs deux surfaces: il n'y a voit donc pas dans ces ruches une seule cellule où nous ne pussions suivre à chaque instant ce qui se passoit; je pourvois presque dire qu'il n'y avoit pas une seule mouche que nous ne connussions particulièrement. Dans le fait, cette construction n'est autre chose qu'une reunion de ruches fort applaties, qu'on peut séparer les unes des autres a volonté: je conviens qu'il ne faut pas visiter les abeilles lorsqu'elles habitent des domiciles de ce genre, avant qu'elles aient elles-mêmes fixé solidement leurs gâteaux dans les chassis; ils pourraient sans cette précaution sortir du plan des cadres, tomber sur les abeilles, en écraser ou en blesser quelques-unes, et les irriter à tel point) que l'observateur ne pourroit éviter des piqûres toujours désagréables et quelquefois dangereuses: mais bientôt elles s'accoutument à leur situation elles s'apprivoisent en quelque sorte, et au bout de trois jours on peut opérer sur la ruche, l'ouvrir, emporter des portions de gâteaux, en remettre d'autres, sans que les mouches donnent des signes de mécontentement trop redoutables. Veuillez vous souvenir, Monsieur que lorsque vous vintes dans ma retraite je vous montrai une ruche de cette forme qui étoit depuis long-tems en expérience, et que vous fûtes singulièrement étonné de la tranquillité avec laquelle les abeilles permirent qu'on l'ouvrit. séparer po'ùr former dri essaim artificiel. Elles sont désignées par *ad. b b* , Planches qui ferment les deux côtés dé la ruche, et qui ont des recoùvremens. On voit des portes au bus de chacun des cadres dé cette ruche; toutes doivent être fermées, à la réserve des cadres ri." 1 et ri. 12; mais il faut qu'elles puissent s'ouvrir à volonté;

Là fignrfc 3 fait voir là ruche en' livre ouverte en partie, pour faire sentir que les chassis dont elle est composée peuvent être unis par une charnière quelconque, et s'ouvrir comme les feuillets d'un livre.

aa, Sont des recoùvremens qui la ferment par les côtés.

La figure 4 n'est autre chose que la figure i.TM vne d'un autre sens.

aa, Parcelle de gâteau qui sert à diriger les abeilles. *bbjbb,* Chevilles disposées en pinces, qui servent à le contenir clans le seus du chassis. *ce,* Portions des deux liteaux, l'un supérieur et fixe sertàretenir legâtean dans sa situation verticale; l'aulrg inférieur et mobile sert ai le Supporter par dessous.

J'ai répété toutes mes observations dans les ruches de cette dernière forme, et elles y ont eu exactement les mêmes résultats que dans Celles qui étoient les plus minces. Je crois donc avoir détruit d'avance les objections qu'on auroit pu me faire sur les inconvéniens supposés de mes ruches flattes. Je n'ai, du reste, aucun regret d'avoir recommencé tout mon travail; en refaisant plusieurs fois les mêmes observations, je suis bien plus certain d'avoir évité l'erreur, et d'ailleurs, j'ai trouvé clans ces dernières ruches, (que je nommerai *ruches en livre ou en feuillets*) quelques avantages qui les rendent trèsutiles, lorsqu'on veut s'occuper de la partie économique des abeilles. Je les détaillerai dans la suite si vous me le permettez.

Je viens actuellement, Monsieur, à l'objet particulier de cette lettre, la fécondation de la reine-abeille (). J'examinerai d'abord en peu de mots les differentes opinions des naturalistes sur le () Je n'ose pas exiger de tnes lecteurs que, pouf comprendre mieux ce que j'ai à leur exposer, ils relisent les mémoires de RéaUmur sur les abeilles, et ceux de la Société de Lusace, mais je les invile à méditer l'extrait qu'en a donné M. Bonnet dans ses œuvres, Tonj. X de l'édition id-8, et Vde l'édition in-4. Ils y trouveront un précis court et parfaitement clair de tout ce que les naturalistes avoient découvert jusqu'à présent sur ces mouches.

Tome L » singulier problème que présente cette fecondation: je vous rendrai compte des observations les plus remarquables que leurs conjectures m'ont donné lieu de faire, et je décrirai ensuite les nouvelles expériences par lesquelles je crois avoir résolu le problème.

Swammerdam, qui avoit observé les abeilles avec une assiduité constante, et qui n'étoit jamais parvenu à voir un accouplement réel entre un faux-bourdon et une reine, se persuada que l'accouplement n'étoit point nécessaire à la fécondation des œufs; mais comme il remarqua que les faux-bourdons exhalent en certains tems une odeur très-forte, il s'imagina que cette odeur étoit une émanation de *l'aura seminalis,* ou *l'aura, seminalis elle-même,* qui, en pénétrant le corps de la femelle, y opéroit la fécondation. Il se confirma dans sa conjecture, lorsqu'il vint à disséquer les organes de la génération des mâles; il fut si frappé de la disproportion qu'ils présentent, comparés aux organes de la femelle, qu'il ne crût pas la Copulation possible; son opinion sur l'influence de l'odeur des faux-bourdons avoit d'ailleurs cet avantage, qu'elle expliquoit très-bien leur prodigieuse multiplication Il y en a souvent quinze cents ou deux mille dans une ruche, et suivant Swammerdam, il falloit bien qu'ils y fussent en granJ nombre, pour que l'emanation qu'ils répandent eût une intensité ou une énergie suffisante à la fécondation.

M. de Réaumur a déjà réfuté cette hypothèse par des raisonnetnens justes et concluans; cependant il n'a point fait la seule expérience qui put la vérifier ou la détruire d'une manière décisive. Il falloit enfermer tous les faux-bourdons d'une ruche dans une boîte percée de trous très-fins qui donnassent passage à l'emanation de l'odeur sans laisser passer les organes mêmes de la génération; placer cette boîte dans une ruche bien peuplée, mais exactement privée des mâles de la grande et de la petite taille, et se rendre attentif au résultat. Il est évident que si, après avoir disposé les choses de cette manière, la Reine avoit pondu des œufs féconds, l'hypothèse de Swammerdam eût acquis beaucoup de vraisemblance, et qu'au contraire, elle eût été renversée si la Reine n'avoit pas pondu du tout, ou n'avoit pondu que des œufs stériles. Nous avons fait cette expérience telle tue je viens de l'indiquer, avec toutes les précautions possibles, et la Reine est restée inféconde. Il est donc certain que l'emanation de l'odeur des mâles ne suffit point à la féconder.

M. de Réaumur avoit une autre opinion: il croyoit que la fécondité de la Reine-abeille étoit la suite d'un accouplement réel j il enterma quelques fauxbourdons avec une reine vierge, dans un poudrier; il vit cette femelle faire beaucoup d'agaceries aux mâles; cependant, comme il n'aperçut point de jonction assez intime pour qu'il pût l'appeler un véritable accouplement, il ne prononça point, et laissa la question indécise. Nous avons répété après lui son observation: nous avons renfermé, à diverses reprises, des Reines vierges avec des fauxbourdons de tout âge, nous avons fait l'expérience dans toutes les saisons, et nous avons été témoins de toutes les petites agaceries, de toutes les avances faites aux mâles par la reine: nous avons même cru voir quelquefois enlr'eux une espèce de jonction, mais si courte et si imparfaite, qu'il n'étoit pas vraisemblable qu'elle pût opérer la fécondation. Cependant, comme nous ne voulions rien négliger, nous primes le parti d'enfermer dans sa ruche la reine vierge qui avoit souffert cette approche d'un mâle, et de l'observer pendant quelques jours pour voir si elle seroit devenue féconde. Nous fîmes durer sa prison plus d'un mois, et dans tout cet espace de tems, elle ne pondit pas un seul œuf; elle étoit donc restée stérile. Ces jonctions instantanées n'opèrent donc pas la fécondation.

Vous avez rapporté, Monsieur, dans la *Contempl. de la Nat.* part. XI, chap. XXVII, les observations d'un naturaliste anglais, M. *de Braw*. Elles paroissoient faites avec exactitude, et éclaircir enfin le mystère de la fecondation de la reine-abeille ( ). Cet observateur, favorisé par le hasard, aperçut un jour au fond de quelques cellules où il y avoit des œufs, une liqueur blanchâtre, en apparence spermatique, fort distincte, au moins de la gelee que les ouvrières rassemblent ordinairement autour des vers nouvellement éclos. Il fut très-curieux d'en connoître l'origine, et comme il conjectura que c'étoient des gouttes de la liqueur prolifique des mâles, il entreprit de veiller dans une de ses ruches tous lesTHouveniens des faux-bourdons, pour les surprendre au uioment où ils arroiseroient les œufs. Il assure qu'il ne tarda rpas Jrerifvoir plusieurs qui insinuoient la partie; posterieure de leur corps dans les cfillules, et qui y déposoient leur liqueur. Après avoir répété plusieurs ibjs

Q ypyççjç Xyiîyçl. des Traits, philos. cette première observation, il entreprit une assez longue suite d'experiences: il renferma un certain nombre d'ouvrières dans des cloches de verre avec une Reine et quelques faux-bourdons, il leur donna des parcelles de gâteau où il n'y avoit que du miel, et point de couvain, et il vit cette Reine pondre des oeufs que les mâles arrosèrent, et dont il sortit des vers. Lorsqu'au contraire, il ne renferma point de faux-bourdons dans la prison où il tenoit la Reine, cette femelle ne pondit point, ou ne deposa que des œufs stériles. Il n'hesita plus alors à donner comme un fait démontré que les mâles des abeilles fécondent les œufs de la Reine à la manière des poissons et des grenouilles, c'est-à-dire, extérieurement après qu'ils sont pondus.

Cette explication avoit quelque chose de très-spëtieux; les expériences sur lesquelles elle étoit fondée, paroissoient-biea faites, et ellerendoit surtout parfaitement raison du nombre prodigieux de mâles qui se trouvent dans les ruches: cependant il restoit une objection très-fort à laquelle l'auteur avoit negligé de répondre. Il naît des vers lorsqu'il n'y a plus de faux-bourdons. Depuis le mois de Septembre jusqu'en Avril, les ruches sont, pour l'ordinaire, privees de mâles, et malgré leur absence, les œufs qu'ue la reine pond dans cet intervalle ne sont point stériles: ils n'ont donc pas besoin, pour être fécondés, de l'influence de la liqueur prolifique, Faudroit-il donc supposer qu'elle leur est nécessaire dans un certain tems de l'année, et que, dans toute autre saison, elle leur devient inutile?

Pour découvrir la vérité au milieu de ces faits, en apparence si contradictoires, je résolus de répéter les expéiiences de M. *de JSrauf* et d'y apporter plus de précautions qu'il ne paroissoit y en avoir mis lui-méme. Je cherchai d'abord dans es cellules qui contenoient des œufs cette liqueur dont il parle, et qu'il prenoit pour des gouttes de sperme: nous trouvâmes, Burnens et moi, plusieurs cellules, où efiectivemeat il y avoit une apparence de liqueur, et je dois convenir que les premiers jours où nous fîmes cette observation, nous n'eûmes aucun doute sur la réalité de cette découverte: mais ensuite nous reconnûmes qu'il y avoit ici une illusion, causée par la réflexion des rayons de la lumière; car nous ne pouvions apercevoir de ces traces de liqueur, que lorsque le soleil dardoitses cayons au fond des cellules. Ce fond est ordinairement tapissé des débris de différentes coques des vers qui y sont éclos successivement; ces coques sont assez brillantes, et l'on conçoit que lorsqu'elles sont fortement éclairées, *il en résulte un effet de lumière, sur lequel il est facile de se tromper.* Nous nous en convainquîmes d'une manière très-précise en examinant la chose de plus près. Nous détachâmes les cellules qui présentoient ce phénomène, nous les coupâmes sous tous les sens, et nous vîmes alors très-clairement qu'il n'y avoit pas la plus petite trace d'une véritable liqueur.

Quoique cette première observation nous eût déjà inspiré une sorte de défiance contre la découverte de M. *de Braw* nous répétâmes ses autres expériences avec le plus grand soin. Le 6 Août 1787, nous baignâmes une ruche; nous examinâmes avec une attention scrupuleuse toutes les abeilles pendant qu'elles étoient dans le bain. Nous nous assurâmes qu'il n'y avoit aucun mâle, ni de la grande, ni de la petite taille; nous visitâmes également tous les gâteaux, et nous reconnûmes qu'il ne s'y trouvait ni nymphe, ni ver de mâles. Lorsque les abeilles furent séchées, nous les replaçâmes toutes avec, leur reine dans leur habitation; puis nous transportâmes cette ruche dans mon cabinet. Comme nous désirions que ces abeilles pussent jouir de la liberté, nous ne les enfermâmes point; elles allèrent donc dans la campagne, et y firent leur ré-, coke ordinaire: mais, attendu qu'il falloit s'assurer que, pendant tout le tems de l'expérience, il ne s'introduirait aucun mâle dans la ruche, nous adaptâmes, à son entrée, un canal vitré, dont les dimensions étoient telles, que deux abeilles seulement pouvoient y passer à la fois;, et nous veillâmes attentivement sur ce canal, pendant les quatre ou cinq jours que l'experience devoit durer. Si un mâle s'étoit présenté, nous l'aurions reconnu à l'instant, nous l'aurions ecarté pour qu'il ne troublât point le résultat de l'expérience commencée. Or, nous pouvons répondre qu'il ne s'en présenta pas un seul. Cependant la reine pondit, dès le premier jour (le 6 Août), quatorze œufs dans des cellules d'ouvrières, et tous ces vers furent éclos le 10 du même mois.

Cette expérience est décisive. Puisque les œufs que pondit la reine, dans une ruche où il n'y avoit point de mâles, et où il étoit impossible qu'il s'en introduisit un seul; puisque ces œufs, dis-je, furent féconds, il est très-sûr que, pour éclore, ils n'ont pas besoin d'être arrosés de la liqueur des mâles,

Jl me semble qu'on ne peut proposer conlve cette conséquence aucune objection un peu vaisopnahle, Cependant, comme je me suis fait l'habitude, dans toutes mes experiences, de chercher moi-même avec grand soin les plus petites difficultes qu'on pourroil elever sur leurs resultats, je pensai que les partisans de M. *de Braw* diroient que les abeilles, privées de leurs faux-bourdons, savent peut-être chercher ceux qui habitent d'autre» ruches, leur enlever la liqueur fécondante, et la rapporter dans leur propre domicile pour la déposer sur les œufs. «

II étoit fort aisé d'apprécier la valeur de ce soupçon. Il s'agissoit de répéter l'expérience précédente, en prenant la précaution d'enfermer les abeilles dans leur ruche, si exactement qu'aucune d'entr'elles n'en put sortir. Vous savez, Monsieur, que ces mouches peuvent vivre pendant trois ou quatre mois prisonnières dans une ruche, qui est d'ailleurs bien approvisionnée de miel et de cire, et à laquelle on a laissé de petites ouvertures pour le passage de l'air. Je fis cette expérience le 10 Août, je m'étois assuré par le bain qu'il n'y avoit aucun mâle parmi ces abeilles; elles furent prisonnières, au sens le plus étroit, pendant quatre jours, et au bout de ce tems, je trouvai sur leur lit de gelee quarante petits vers nouvellement éclos. Je poussai l'exactitude au point de faire baigner encore une fois cette ruche, pour m'assurer qu'aucun mâle n'avoit échappé à mes recherches; nous examinâmes toutes les mouches une à une, et nous pouvons garantir qu'il n'y en eût pas une seule qui ne nous montrât son aiguillon. Ce résultat., si conforme à celui de la première expérience, démontroit que les œufs de la reine-abeille ne sont point fécondés exte'rieurement.

Pour achever de détruire l'opinion de M. *de Braw*, il ne me reste plus qu'à indiquer ce qui l'a induit en erreur. C'est que dans ses différentes observations, il s'est servi de reines-abeilles, dont il ne connoissoit pas l'histoire depuis leur naissance. Lorsqu'il a vu éclore les œufs pondus par une reine enfermée avec des mâles, il en a conclu que les œufs avoient été arroses dans leurs cellules par la liqueur prolifique des faux-bourdons; mais pour que cette conclusion fut juste, il eût fallu s'assurer auparavant que cette femelle ne s'étoit jamais accouplée, et il avoit négligé de s'en instruire Le fait est que, sans le savoir, il aroit employé a cette expérience une reine qui avoit eu commerce avec un mâle. S'il s'étoit servi d'une reine vierge, qu'il l'eut enfermée avec des fauxbourdons dans ses cloches, au moment où elle seroit sortie de sa cellule royale, il auroit eu un résultat tout différent. Car même au milieu de ce sérail de mâles cette jeune reine n'auroit jamais pondu comme je le prouverai dans la suite de cette lettre

Les observateurs de Lùsace, et en particulier M. *Haltorff* ont cru que la reineabeille étoit féconde par elle-même sans le concours des mâles (). Je vous rappel ' () Voyez dans l'histoire des abeilles de M. *Schiraeh* on mémoire de M. *Hattorf*, intitulé: Recherches physiques sur cette question: *Im reineabeille doit-elle être fécondée par les faux-bourdona?* lerai, Monsieur, le precis de l'expérience sur laquelle ils fondoient cette opinion

M. *Hattorf* prit une reine sur la virginite de laquelle il ne pouvoit avoir de doute; il l'enferma dans une ruche dont il exclut tous les mâles de la grande et de la petite sorte, et quelques jours après il y trouva des œufs et des vers. Il pretend que, dans le cours de cette expérience, il ne s'introduisit aucun fauxbourdon dans cette ruche, et comme, malgré leur absence, cette reine pondit des œufs, d'où sortirent de petits vers, il eu conclut qu'elle est féconde par elle-même.

En réfléchissant sur cette expérience, je ne la trouvai pas assez exacte. Je savois que les faux-bourdons passent très-facilement d'une ruche dans une autre, et M. *Hattorf* n'avoit pris aucune précaution pour qu'il ne s'en introduisît point dans la sienne; il dit bien qu'il n'y vint aucun mâle, mais il ne nous dit pas par quel moyen il s'assura de ce fait: lors même qu'il seroit parvenu à reconnoître qu'il n'y étoit entré aucun faux-bourdon de la grande taille, il restoît possible qu'il s'y fût introduit un petit mâle, qui eût échappé à sa vigilance, et qui eût fécondé la reine. Pour éclaircir ce doute, je résolus de répéter l'expérience de cet observateur, telle qu'il l'a décrite, sans y apporter plus de soin ou de précautions. Je plaçai une reine vierge dans une ruche dont j'enlevai tous les mâles, et je laissai aux abeilles une liberté entière: quelques jours après je visitai cette ruche, j'y trouvai des vers nouvellement éclos. Voilà bien le même résultat que M. *fiâttorf;* mais, pour en tirer la même conséquence, il falloit s'assurer très-positivement qu'il ne s'étoit introduit aucun, mâle. Il falloit baigner les abeilles et les examiner une à une. Nous fîmes cette opération, et après-une recherche très-attentive, nous trouvâmes en effet quatre petits mâles. Il suit de là que pour faire une expérience décisive sur cette question, il ne suffit pas, en disposant l'appareil, d'enlever tous les faux-bourdons; il Faut empêcher encore par quelque moyen sûr, qu'aucun d'entr'eux ne vienne à s'y introduire, et c'est ce que l'observateur allemand avoit negligé de faire.

Je me préparai alors à reparer cette omission. Je pris une reine vierge; je la plaçai dans une ruche, j'enlevai soigneusement tous les mâles, et pour être physiquement sûr qu'il n'en viendroit aucun, j'adaptai à l'ouverture de ma ruche uû, canal vîtré, dont les dimensions étoienl telles, que les abeilles ouvrières pouvoient y passer librement, mais qui étoit trop petit pour qu'un mâle de la plus petite taille pût s'y glisser. Les choses restèrent ainsi disposées pendant trente jours; les ouvrières allant et venant librement, firent tous leurs travaux ordinaires, mais la reine resta stérile; au bout de trente jours son ventre étoit aussi effilé qu'au moment de sa naissance. Je répétai cette expérience plusieurs fois, le résultat fut toujours le même.

Ainsi donc, puisqu'une reine qu'on, sépare rigoureusement de tout commerce avec les mâles, reste àtérile, il est évident Tome I. 5 qu'elle n'est pas féconde par elle-même. L'opinion de M. *ffattorf est* donc mal fondée.

Jusques ici, en cherchant à vérifier ou à détruire par de nouvelles expériences les conjectures de tous les observateurs qui ïn'avoient précédé, j'avois acquis la connoissance de nouveaux faits; mais ces faits étoient, en apparence, si contradictoires entr'eux, qu'ils rendoient la solution du problème plus difficile encore. Lorsqu'en travaillant sur l'hypothèse de M. *de JBraw*, j'enfermai une reine dans une ruche, dont je pris soin d'écarter tous les faux-bourdons, cette reine ne laissa pas d'être féconde. Lorsqu'au contraire, en examinant l'opinion de M. *Hattorf,* je plaçai dans les mêmes circonstances une femelle çle la virginité de laquelle j'étois parfaitement sûr, cette femelle resta stérile. Embarrassé par tant de difficultés, je fus sur le point d'abandonner ce sujet de recherches, lorsqu'enfin, en y réfléchissant plus attentivement, je crus que ces contradictions apparentes provenoient du rapprochement que je *me* permettois de faire entre des «xpériences executées sur des reines vierges, et d'autres executees sur des femelles que je n'avois pas observees dès leur naissance, et qui avoient peut-être été fécondées à mon inscu. Plein de cette idée, j'entrepris de suivre un nouveau plan d'observations, non sur des reines prises au hasard dans mes ruches mais sur des femelles décidément vierges, et dont je connoîtrois l'histoire depuis le moment de leur sortie de la cellule.

J'avois un très-grand nombre de ruches: j'enlevai toutes les femellesqui y régnoient, et je substituai a chacune d'entr'elles une reine prise au moment de sa naissance; je partageai ensuite ces ruches en deux classes. Dans celles de la première, j'enlevai tous les mâles de la grande taille et de la petite « et je leur fis adapter un canal vîtré assez e'troit pour qu'aucun faux-bourdon ne pat s'y introduire, mais en même tems assers large pour que les abeilles ouvrières pus sent entrer et sortir librement. Dans les V ruches de la seconde classe, je laissai tout les faux-bourdons qui pouvoient s'y trou rver; j'y en introduisis même de nouveaux, et comme je ne voulois pas qu'ils pussent s'échapper, je donnai à ces ruches, ainsi qu'aux premières, un canal vîtré trop étroit pour le passage des mâles.

Je suivis pendant plus d'un mois, et avec beaucoup de soin, cette expérience faite en grand, et je fus fort surpris de voir au bout de te terme toutes mes reines également stériles.

Il est donc parfaitement sûr que les reines-abeilles restent inféondes, même au milieu d'un 'sérail de mâles, lorsqu'on prend la précaution de les tenir prisonnières dans leur ruche. Ce résultat me conduisoit à soupçonner que les femelle ne peuvent être fécondées dans l'intérieur de leurs habitations, et qu'il faut qu'elles en sortent pour recevoir les approches du mâle. Il étoit bien facile de s'en assurer par une expérience directe. Comme ceci est important, je rapporterai en détail celle que nous fîmes, mon secrétaire et moi, le 29 Juin 1788.

Nous savions que, pendant la belle saison, les faux-bourdons sortent ordinairement.de leurs ruches à l'heure la plus chaude du jour. Or, il étoit naturel de penser que, si les reines sont obligee d'en sortir aussi pour être fecondées, elles seraient instruites à choisir le tems même de la sortie des mâles.

Nous nous plaçâmes donc vis-à-vis d'une ruche dont la reine infe'conde. étoit âgée de cinq jours. Il étoit onze heures du matin: le soleil avoit brillé depuis son lever, et l'air étoit très-chaud; les mâles commencoient à sortir de quelques ruches, nous agrandîmes alors l'ouverture de la porte de celle que nous voulions observer; puis nous fixâmes toute notre attention sur cette porte et sur les mouches qui en sortiroient. Nous vîmes d'abord paroître les mâles, qui ne tardèrent pas à prendre l'essor, dès que nous les eûmes mis en liberté. Bientôt après la jeune reine parut à la porte de sa ruche; elle ne prit point le vol en sortant. Nous la vîmes se promener sur l'appui de cette ruche pendant quelques instants, elle brossoit son ventre avec ses jambes posterieures: les abeilles, et les mâles qui sortoient de sa ruche, ne lui rendoient aucun soin, et paroissoient ne lui donner aucune attention: la jeune reine prit enfin le vol. Quand elle fut à quelques pieds de sa ruche, elle se retourna, et s'en rapprocha comme pour examiner le point d'où elle étoit partie; (on eût dit qu'elle jugeoit cette précaution nécessaire pour le reconnoître à son retour) elle s'en éloigna ensuite, et elle décrivit en volant des cercles horizontaux à douze ou quinze pieds au-» dessus de la terre. Nous diminuâmes alors l'ouverture de sa ruche, pour qu'elle ne pût y rentrer à notre inscu, et nous allâmes nous' placer au centre des-cercles qu'elle décrivait en volant » afin d'être plus à portée de la suivre et de voir toutes-ses actions. Mais elle ne resta pas long-tems" dans une situation aussi favorable à l'observation j bientôt elle prit ua vol rapide, ei s'éieva à perte de

Vue: nous regagnâmes aussitôt notre poste au-devant de sa ruche, et au bout de sept minutes nous vîmes la jeune Reine revenir au vol, et se poser à la porte d'une habitation dont elle n'étoit sortie qu'une fois. Nous la prîmes alors dans nos mains pour l'examiner, et ne lui ayant trouve aucun signe exterieur qui indiquât la fécondation, nous la laissâmes rentrer dans sa demeure. Elle y testa près d'un quart d'heure, au bout duquel elle reparut; après s'être brosséë comme la première fois, elle partit au vol, elle se retourna pour examiner sa, ruche, et s'éleva d'abord à une telle hauteur, que nous la perdîmes bientôt «3e vue. Cette seconde absence fut bien plus longue que la première, ce ne fut qu'après vingt-sept minutes que nous la vîmes revenir au vol, et se poser sur Fappui de la ruche. Nous la trouvâmes alors dans un etat bien different de celui où nous l'avions vue-quand elle étoit revenue de sa première excursion: la partie posterieure de son corps e'toit remplie d'une matière blanche, epaisse et dure, les bords interieurs de sa vulve çu étoient couverts; la vulve elle-même

çtoit entrouverte, et nous pûmes voir aisément que sa capacité intérieure étoit remplie de la même matière. Cette substance ressemblait assez à la liqueur dont sont remplies leç vésicules séminales des piâles, et nous les trouvâmes parfaitement «embables entr'elles, quant à la couleur et à la consistance (); mais il nous falloit () On verra dans la lettre suivante que ce que noua prenions pour des gouttes de sperme coagulé, étoit réellement les parties de la génération du mâle, que aconplemenl. fixe dans le corps de la femelle. Nous devons cette découverte à une circonstance dont je donnerai ci-dessous les détails. Pour ne pas allonger cet ouvrage, j'aurois dû peut-être supprimer tout ce quel je raconte, ici de mes premières observations sur la fécondation de la reineabeille, et passer tout de_ suite aux expériences qui prouvent qu'elle rapporte avec elle les organes de la génération du mâle; mais, dans des observations de ee genre, qui sont également neuves et délicates, il est si facile de se tromper, quej e crois rendre service à mes lecteurs en leur exposant,, de bonne-foi, les erreurs que j'aî commises. C'est une »ou'elle preuve, ajoutée à tant d'autres, de l'obligation une preuve plus forte que cette ressemblance, pour être sûrs que la liqueur blanche, donl la reine étoit revenue imprégnée, étoit bien la liqueur fecondante des mâles; il falioit qu'elle opérât la fécondation. Nous laissâmes donc rentrer cette reine dans sa demeure, et l'y enfermâmes. Deux jours après nous ouvrîmes la ruche, et nous eûmes la preuve que la reine étoit devenue féconde. Son ventre étoit sensiblement grossi, et elle avoit déjà pondu près de cent œufs dans les cellules d'ouvrières.

Pour confirmer cette découverte, noua fîmes plusieurs autres expériences qui eurent le même succès.—Je transcrirai encore celle-ci de mon journal. Le 2 Juillet, le tems étoit très-beau, les mâles sortoient en foule. INous omîmes la liberté à une reine qui n'avoit jamais habité avec les mâles, (car sa ruche en avoit toujours été rigoureusement privée). Elle étoit âgée de onze jours, et absolument inféconde j nous la vîmes

bientôt sortir d&sa ruche, partir au vol après l'avoir examinée, et s'élever à perte de vue: elle revint au bout de quelques minutes, sans aucune des marques extérieures de la fécondation; elle en sortit, pour la seconde fois, au bout d'un quart-d'heure, mais d'un vol si rapide, que nous ne pûmes la suivre que pendant un instant bien court; cette nouvelle absence dura trente minutes. Le dernier anneau de son ventre étoit ouvert, et la vulve étoit remplie de la matière blanche dont nous avons parlé. Nous replaçâmes cette reine dans son habitation, d'où nous continuâmes d'exclure tous les mâles. Nous la visitâmes deux jours après, et nous trouvâmes la reine féconde.

où se trouve un observateur, de répéter mille et mille fois ses expériences, pour obtenir enfin la certitude qn'il voit les choses sous leur véritable point çie vue.

Ces observations nous apprirent enfin pourquoi M. *Hattorf* avoit obtenu des résultats si différens des nôtres. Il avoit eu des reines fécondes, dans des ruches, qui étoient privées de mâles » et il ea avoit conclu que leur concours n'étoit pas nécessaire à la fecondation; mais il n'a voit pas ôté à ses Reines la liberte de sortir de leurs ruches, et elles en avoient profité pour aller joindre les mâles. Nous avions, au contraire, entouré nos reines d'un grand nombre de mâles, et elles étoient restées stériles, parce que les précautions que nous avions prises pour enfermer les mâles dans les ruches, avoient aussi empêché nos reines d'en sortir, et d'aller chercher *au-dehors* la fécondation qu'elles ne pouvoient obtenir au-dedans.

Nous avons répété ces expériences sur des reines âgées de 20, 26, 3o, 35 jours.... Toutes sont devenues fécondes après une seule imprégnation. Nous avons cependant observé quelques particularités essentielles dans la fécondité de celles de ces reines qui n'ont été fécondées que depuis le vingtième jour de leur vie$ mais nous nous réservons d'en parler, quand nous pourrons offrir aux naturalistes, des observations assez sûres et assez repetees pour mieux mériter leur attention.

Qu'on me permette cependant

d'ajouter ici un mot. Quoique nous n'ayons pas eté témoins d'un accouplement réel entre la reine et un faux-bourdon, nous croyons néanmoins que, d'après les détails dû nous venons d'entrer, il ne restera aucun doute sur la réalité de cet accouplement, et sur sa nécessité pour la fécondation. La suite de nos expériences, faites avec toutes les précautions possibles, nous paroît démonstrative. La stérilité constante des reines dans les ruches où il n'y avoit point de mâles, et dans celles où elles étoient enfermées avec des mâles; la sortie de ces reines hors de leurs ruches, et les signes très-marqués d'imprégnation qu'elles présentent en y revenant, sont des preuves contre lesquelles il ne peut pas rester d'objections. Nous ne désespérons pas de pouvoir, au printems prochain, nous procurer le dernier complément âe cette preuve, en saisissant la femelle à l'instant même de la copulation.

Les naturalistes avoient toujours été fort embarrasse's à expliquer le nombre de fauxbourdons qui se trouvent dans la plupart des rucbes, et qui ne paroissent qu'une charge à la communauté des abeilles, puisqu'ils n'y remplissent aucune fonction. Mais aujourd'hui on peut commencer à entrevoir l'intention de la nature, en les multipliant à tel point; puisque la fécondation ne peut s'opérer dans l'intérieur des ruches, et que la reine est obligée de voler dans le vague des airs. pour trouver un mâle qui puisse la féconder, il falloit que ces mâles fussent en assez grand nombre pour que la reine eut la chance d'en rencontrer un; s'il n'y eût eu dans chaque ruche qu'un ou deux faux-bourdons, la probabilité qu'ils en, sortiroient au même instant que la reine, et qu'ils se rencontreroieut dans leurs excursions, eût été bien petite, et la plupart des femelles seroieat restées stériles,

Mais pourquoi la nature n'a-t-elle pas permis que la fécondation s'opérât dans l'intérieur des ruches? C'est un secret qu'elle ne nous a point dévoilé. Il est possible que quelque circonstance favorable nous mette à portée de le pénétrer dans la suite de nos observations. On pourroit imaginer diverses conjectures, mais aujourd'hui on veut des faits, et on rejette les suppositions gratuites. Nous rappellerons seulement que les abeilles ne forment pas la seule république d'insectes qui présente cette singularité; les femelles des fourmis sont également obligées de sortir de leur fourmilière pour être fécoqdées par les mâles de l'espèce.

Je n'ose vous prier, Monsieur, de me communiquer les réflexions que votre génie vous inspirera sur les faits que je viens de vous exposer. Je n'ai point encore de droit à cette faveur; mais si, comme je n'en doute point, il vous vient à l'esprit de nouvelles expériences a tenter, soit sur la fécondation de la reine-abeille, soit sur d'autres points de l'histoire de ces mouches, faîtes-moi la grâce de me les indiquer: j'apporterai à leur execution tous les soins dont je suis capable, et je regarderai cette marque d'amitié et d'intérêt de votre part comme l'encouragement le plus flatteur que je puisse recevoir dans la continuation de mon travail. J'ai l'honneur d'être avec respect,

Monsieur,
Votre, etc.

LETTRE
De M. BONNET A M. HUBER
SUR LES ABEILLES.

V, ous m'avez surpris, Monsieur, bien agréablement en me communiquant votre intéressante découverte sur la fécondation de la reine-abeille. Quand vous avez soupçonné que cette mouche sortoit de la ruche pour être fécondée, vous avez eu une idée très-heureuse, et le moyen auquel vous avez eu recours pour vous en assurer étoit très-approprié au but.

Je vous rappellerai à ce sujet que les mâles et les femelles des fourmis s'accouplent en l'air, et qu'après la fécondation les femelles rentrent dans la fourmilière et y déposent leurs œufs. *Contemp. de la Nat.*, part. XI, chap. XXII, note I. Il resteroit à saisir l'instant où le faux-bourdon s'unit à la reine-abeille; maïs le moyen de s'assurer de la manière dont s'opère une copulation qui s'exécute en l'air, et loin des yeux de l'observateur! Dès que vous avez de bonnes preuves que la liqueur qui humectoit les derniers anneaux de la reine à sa rentrée dans la tuche, étoit bien la même que celle que fournissent les mâles, c'est plus qu'une simple présomption en faveur de l'accouplement. Peut-être est-il nécessaire pour qu'il s'opère, que le mâle puisse saisir la femelle par dessous le ventre, ce qui ne sauîoit s'exécuter bien qu'en l'air, La grande ouverture que vous avez observée dans une certaine circonstance a l'extrémité du ventre de la reine paroît bien répondre au Volume singulier des parties sexuelles du mâle. teuf soit fixé presque verticalement par une de ses extrémités près du fond de l'alvéole; ceci fait naître une question: estil bien sur qu'un çeuf d'abeiJje ne puisse donner son fruit qu'autant qu'il est fixé par un de ses bouts près du fond d'unalvéole? Je n'oserois l'affirmer, et je laisse a l'expérience à décider la question

Vous désirez, mon cher Monsieur, que je vous indique quelques nouvelles expériences à tenter sur nos industrieuses républicaines; je le ferai avec d'autant plus d'empressement et de plaisir, que je sais mieux a quel point vous possédez l'art précieux de combiner les idées, et *Tome L* 4

Je vous le disois un jour; j'ai eulôngtems un doute sur la véritable nature de ces petits corps oblongs que la reine dé- pose au fond des cellules i j'avpis du. penchant a les prendre pour de.petits vers qui n'ont pas encore commencé à se développer. Leur forme très-allongée me paroissoit favoriser mon soupçon: il s'agiroit donc de les observer avec la plus grande assiduité depuis l'instant de la ponte jusqu'à celui de l'écîosion. Si l'on voyoit la peau s'puvrir, elle petit ver sortir par l'ouverture.', jl n'y auroît plus lieu a aucun doute,'. et ces petits corps serbient bien de véritables œufs,

Je reviens à la manière dont s'opère faccctapleinent. La hauteur à laquelle là reine et les mâles s'elèvent en Pair ne,permet point de voir distinctement ce qui se passe entr'eux: il faudroit donc essayer de renfermer la ruche dans une chambre dont le plancher seroit fort exhaussé. Il conviendroit encore de répéter l'expérience de M. de Réaumur, qui renferma une reine avec quelques mâles dans un poudrier; et si au lieu de poudrier on employoit un tube de verre de plusieurs pouces de diamètre, et de plusieurs pieds de longueur, peut-être réussiroit-on à observer quelque chose de décisif.

Vous avez eu le bonheur d'observer de ces petites reines dont l'abbé Nédham avoit parlé, et qu'il n'avoit point vues i il importera beaucoup de disséquer avec soia ces petites reines pour y découvrir l,es ovaires. Lorsque M. Riems m'eut appris, qu'ayant renfermé environ trois cents ouvrières dans une caisse avec un gâteau qui ne contenoit aucun œuf, et que quelque tems après il avoit trouvé des centaines d'œufs dans ce gâteau, qu'il attribuent k la ponte de ces ouvrières, je lui recommandai fort de disseequer les ouvrières: il le fit, et m'annonça qu'il avoit trouvé des œufs dans trois d'entr'elles. C'étaient apperemment de petites reines qu'il avoit disséquées sans les connoître. Comme il naît de petits faux-bourdons, il n'est pas étrange qu'il naisse de petites reines, et sans doute par les mêmes circonstances extérieures.

Ces reines de la petite taille méritent fort qu'on les fasse connoître, parce qu'elles peuvent influer beaucoup dans diverses expériences, et jeter l'observateur dans J'embarras. Il faudra s'assurer si elles prennent leur accroissement dans des cellules pyramidales, plus petites que les ordinaires, ou dans des cellules hexagones.

La fameuse expérience de Schirach sur la prétendue conversion d'un ver commua en ver royal ne sauroit être trop répétée, quoiqu'elle l'ait été bien des fois par les observateurs de Lusace. Mais l'inventeur assuroit fort que l'expérience ne réussit qu'avec des vers de trois à quatre jours et jamais avec de simples œufs. Je cési-r rerois qu'on s'assurât mieux de la vérité de la dernière assertion,

I_,es observateurs de Lusace et celui du Palatinat soutiennent que les abeilles com nrnnes, ou les ouvrières, ne pondent que des oeufs de faux-bourdons, lorsqu'on les renferme avec des gâteaux absolument; privés d'œufs: il y auroit donc de petites reines qui ne poudroient que des œufs de faux-bourdons; car il est evident que ces oeufs, qu'on a, cru pondus par les ouvrières, l'avoient été par des reines de la. petitç taille. Mais comment supposer que les Ovaires de ces petites reines ne conte-? noient que des çeufs de faux-bourdons?

M, de Réaumur nous a appris qu'on prolonge la durée de la vie des chrysalides, en les tenant dans un lieu froid, tel qu'une glacière: il conviendroit de tenter la même expérience sur les œufs de la reine-abeille et sur les nymphes dcs, faux-bourdons et des ouvrières.

Une autre expérience intéressante à tenter j seroit de retrancher tous les gâteaux composes de cellules communes, pour ne laisser subsister que les gâteaux composes de cellules destinées aux vers de fauxbourdons. On verroit si les œufs des vers communs, que la reine pondroit dans ces grandes cellules, donneroient des ouvrières de plus grande taille. Mais il y a bien de l'apparence que le retranchement des cellules communes décourageroit les abeilles; car elles ont besoin de ces sortes de cellules pour y renfermer la cire et le miel. Peut-être néanmoins qu'en ne retranchant qu'une partie plus ou moins considérable des cellules communes, la mère seroit forcée de pondre des œufs communs dans des cellules de faux-bourdons.

Je désirerais encore qu'on essayât de tirer délicatement d'une cellule royale le Jeune ver qui y est logé, et de le placer au fond d'une cellule commune, où l'oa auroit déposé *de* la bouillie royale.

La forme des ruches influe beaucoup sur la disposition respective des gâteaux: ee seroit donc une expérience très-indiquéc que de varier beaucoup la forme des ruches et leurs dimensions interieures. Rien ne seroit plus propre à nous faire juger de la manière don lies abeilles savent modifier leur travail et l'approprier aux circonstances. Ceci pourroit encore donner lieu à découvrir des faits particuliers que nous ne devinons pas,

On n'a pas compare avec soi a l'œuf royal et l'œuf de faux-bourdon avec les œufs d'où sortent les vers communs, I conviendront fort dinstituer cette corn-, paraison pour s'assurer si ces différens œufs recèlent des caractères qui les fassent distinguer.

La bouillie dont les ouvrières alimentent le Ver royal n'est pas la même que celle dont elles alimentent le ver commun; ne pourroit-on point tenter denlever avec la pointe dVm pinceau un peu de la bouillie du ver royal pour en alimenter un ver commun, qui se trouverait placé dans une cellule commune de la plus grande dimension J'ai vu des cellules communes presque verticales en embas, et où la reine pavoit pas laissé de pondre des œufs communs. Ce seroient de telles cellules que je preférerais pour l'expérience que je propose.

J'ai rassemblédans mes *Mémoires sur les Abeilles,* divers faits qui exigeroient d'être vérifiés; mes propres observations ne l'exigeroient pas moins: vous saurez, mon cher Monsieur, choisir entre ces faits ceux qui méritent le plus de vous occuper; vous avez déjà tant enrichi l'histoire des abeilles, qu'on peut tout Attendre de votre sagacité et de votre persévérance. Vous savez quels sont les sentimens que vous avez inspirés au Contemplateur de la Nature,

AGentbod, le 18 Août 1789,
SECONDE LETTRE
JPtE
M. HUBER A M. BONNET.
Suite des observations sur la féconda (ion de la rei?ie-abeille,
Pregny, 15 Août
Monsieur,,

V/est en 1787 et 1788 que j'ai fait toutes les expériences dont je vous ai rendu compte dans ma précédente lettre. Elles me paroissent établir deux vérités sur lesquelles on n'avoit eu jusqu'à présent que des indications très-vagues.

i. Les reines-abeilles ne sont point fécondes par elles-mêmes; elles ne le deviennent qu'après un accouplement avec un Faux-bourdon, a." L'accouplement s'opère hors de la ruche, et dans les airs,

Ce dernier fait etait si extraordinaire, que malgré toutes les preuves que nous en avions acquises, nous désirions très-vivemeut de prendre la reine sur le fait. Mais comme dans cette circonstance elle s'élève à une grande hauteur, nos yeux ne pouvoient jamais y atteindre.

Ce fut alors que vous me conseillâtes, Monsieur, de retrancher une partie des ailes des reines vierges, pour les empêcher de voler aussi rapidement et à une si grande dis- tance. Nous nous y prîmes de toutes les manières pour profiter de ce conseil; mais à notre grand regret, nous vîmes que quand nous mutilions beaucoup les ailes de ces mouches, elles ne pouvoient plus voler, et que quand nous n'en retran chions qu'une petite partie, nous ne diminuions point la rapidité de leur vol. Il y a probablement un milieu entre ces deux extrêmes, nous ne sûmes pas le saisir. Nous essayâmes encore, d'après votre recommandation, de rendre leur vue moins percante, en couvrant une partie de leurs yeux, d'un, vernis opaque; cette tentative fut également inutile. Enfin, pour dernier moyen, nous cherchâmes à féconder artificiellement des reines-abeilles, en introduisant dans leurs parties postérieures la liqueur des mâles (i). Nous prîmes dans (i) *Suxunmerdam,* qui nous a donné la description de l'ovaire de la reine des abeilles, l'a laissée incomplète. Il dit qu'il n'a pu voir comment le canal des œufs a sa sortie hors du ventre, ni quelles sont les, parties qu'on y peut apercevoir outre celles qu'il a décrites.

« Quelque peine que je me sois donnée, dit-il, pour découvrir distinctement l'issue de la vulve, je n'ai pu » en venir à bout, tant par ce que j'élois pour lors à la: campagne, et que je n'a vois pas avec moi tous njesins3 trumens, que parce que je ne voulois pas faire sortir » la vulve du derrière delà femelle, de peur d'endom» mager quelques autres parties, que j'a vois besoin d'exa» miner en même tems. Cependant, j'ai vu assez nette» ment que le canal excrétoire des œufs forme un renfle» ment musculeux. à l'endroit où ils'approche du derniey » anneau du ventre;, qu'ensuite il se rétrécit et se dilate » de nouveau en devenant membraneux. Je n'ai pu le » suivre plus loin, parce que je voulois conserver la vév sicule du venin, qui est située précisément à cet endroi t » avec quelques muscles qui servent au jeu de l'aiguillon » Mais dans une autre femelle, il m'a semblé que la » vulve, en supposant l'abeille couchée sur le ventre, v s'ouvre dans le dernier anneau sous, l'aiguillon, «b Bihle le la Nature, cette opération toutes les précautions que nous pûmes imaginer pour en assurer le succès, et le résultat n'eu fut pas satis) qu'il est très-difficile *de* pénétrer dans cette ouverture, à moins que ces parties ne s'étendent et ne se déployeiit » dans le tems que l'abeille pond. »

Nous avons essayé, Monsieur, de voir ce qui avoit échappé à l'infatigable *Stvammerdam,* il nous a mis sur la voie, en nous indiquant le teins de la ponte comme celui où l'on pouvoit faire cette recherche avec le plus d'avantage: nous avons vu alors que le canal excrétoire des œufs n'avoit pas sa sortie immédiatement hors du corps-, et que les oeufs au sortir de la matrice tomboient dans une cavité, où ils étoieiU contenus quelques instans ps ou moins longs, avant de sortir hors du ventre par les lèvres du dernier anneau.

Le 6 août i787, nous prîmes dans sa ruche une reine très-féconde: la tenant délicatement par les ailes et renversée, tout son ventre étoit à découvert, elle en saisit l'extrémité avec les jambes de la secande paire, et l'amenant par ce moyen du côté de sa tête, elle le courba autant qu'elle put, et prit la forme d'un arc. Cette attitude nous paroissant contraire à la ponte, nous la forçâmes, par le moyen d'une paille, à en prendre une plus naturelle et à redresser son ventre. Cette reine, pressée de pondre, ne put retenir ses œufs plus longtems: nous lui vîmes faire un effort et allonger sou ventre; la partie inférieure du dernier anneau s'écartoit assez de la supérieure pour laisser une ouverture, qui mit à découvert une partie de la capacité intérieure da faisant. Plusieurs reines furent les victimes de notre curiosité; les autres qui y sur- vécurent n'eu restèrent pas moins stériles. Quoique Ces diverses tentatives eussent été infructueuses, il n'en étoit pas moins prouvé que les femelles sortent de leurs ruches pour chercher les mâles, et qu'elles y reviennent avec les symptômes de fécondation les plus évidens; satisfaits de cette découverte, nous n'espérions plus que du tems ou du hasard la preuve décisive, un véritable accouplement opéré sous nos yeux. Nous étions loin de soupçonner une découverte fort singulière que, nous avons faite cette année au mois de Juillet, et qui donne une déflonstralion complète de l'accouplement supposé.

rentre. Nous vîmes l'aiguillon dans son étui, dans la partie supérieure île cette cavité. La reine alors fit de nouveaux efforts, et nous vîmes un œuf sortir du bout du canal de l'ovaire, et s'élancer dans la cavité dont nous avons parlé; puis les lèvres se refermèrent, et ce îie fut qu'après quelques instans qu'elles se T'ouvrirent bien moins que la première fois, et suffisamment pour laisser sortir l'œuf que nous avions vu tomber daus cette cavité.

Nous savions par nos propres observations que le sperme des faux-bourdons se coagule dès qu'il est exposé à l'air j et plusieurs expériences, en confirmant ce fait, nous avoient laissé si peu de doute à cet égard, que toutes les fois que nous vîmes reparoître les femelles avec les signes extérieurs de la fécondation, nous crûmes reconnoître, dans la substance blanchâtre dont leur vulve étoit remplie, les gouttes du sperme des mâles. Nous n'imaginâmes pas même alors de disséquer ces femelles pour nous en assurer plus positivement. Mais cette année-ci, soit pour ne rien négliger, soit peut-être pour examiner le développement que nous supposions produit dans les organes des reines-abeilles par l'injection de sperme coagulé que les mâles y laissoient, nous 'avons entrepris d'en disséquer plusieurs; a notre grande surprise, nous avons trouvé que ce que nous prenions pour un résidu de la liqueur prolifique, étoit réellement les parties de la génération du mâle, qui se séparent de son corps dans le tems de la copulation, et restent implantees dans la vulve des femelles; voici les détails de cette découverte.

Après avoir pris la resolution de dissequer quelques reines-abeilles au moment où elles reviendroient à leur ruche avec les signes extérieurs de la fécondation nous nous procurâmes, suivant la méthode de *Schirach,* plusieurs reines, et nous leur donnâmes successivement la liberté de sortir pour aller chercher les mâles; la première qui en profita fut retenue à l'instant où elle alloit rentrer dans sa ruche, et sans dissection, elle nous apprit d'elle-même ce que nous désirions impatiemment de savoir. Nous l'avions saisie par ses quatre ailes, et nous examinions le dessous de son ventre, qui se présentent à nous. Sa vulve entr'ouverte laissoit voir le bout presque ovale d'un corps blanc qui empêchoit, par son volume et par sa position, les lèvres de se rapprocher; le ventre dela reine étoit dans un mouvement continuel; il s'allongeoît, se raccourcissoit, se courboit, et se redressoit alternativement. Déjà nous etions prêts à couper ses anneaux, et à chercher, parle moyen de la dissection, la cause de tous ces mouvemens, quand nous vîmes cette reine courber assez son ventre pour pouvoir en atteindre l'extremite avec ses jambes posterieures, et saisir avec les crochets de ses pieds la partie du corps blanchâtre qui étoit entre les lèvres de sa vulve, et qui les tenoit écartées; elle faisoit évidemment effort pour l'en retirer; elle y réussit bientôt, et le déposa dans nos mains. Nous nous attendions à voir l'amas informe de quelque liqueur coagulée; mais quelle fut notre surprise, quand nous vîmes que ce que la reine avoit tiré de sa vulve étoit une partie même du faux-bourdon qui l'avoit rendue mère! D'abord nous n'en crûmes pas nos yeux; mais enfin, après avoir examiné ce corps sous toutes ses faces, soit à l'œil nu, soit avec le secours d'une bonne loupe, nous reconnûmes distinctement que c'étoit la partie des fauxbourdons que M. de Réaumur appelle le *corps lenticulaire*, ou la *lentille*, Tome L 5 et dont voici la description copiée dans son ouvrage même ().

« Lorsqu'on a ouvert le corps d'un » faux-bourdon, soit par-dessus, soit par» dessous, on remarque bientôt une masse » formée par l'assemblage de plusieurs » corps, souvent d'un blanc qui surpasse » celui du lait: vient-on à développer » cette masse, on la trouve composée » principalementde quatre corpsoblongs; » les deux plus gros de ces corps tiennent » à une espèce de cordon tortueux que » *Swammerdam* a appelé *la racine du* » *pénis (voy. PL II, fig.* i), et il a » donné le nom de *vésicules sétni))* nales *ss*, aux deux corps blancs et » longs que nous venons de considérer. » Deux autres corps, oblongs comme les » préeédens, mais qui ont un diamètre » qui n'est guères que la moitié de celui » des premiers, et qui sont plus courts, » sont appelés par le même auteur les *vaisseaux déférens dd*. Chacun d'eux () Voyez neuvième Mémoire sur les abeilles, édit. jji-4, pag. 48g.

» communique avec une des vésicules » séminales, près de l'endroit *qq*, où » celles-ci s'unissent avec le cordon tor» tueux *r* : de l'autre bout de chacun da » ces vaisseaux déférens part un vais» seau ara;, assez délié, qui, après quel» ques plis et replis, aboutit à un corps *t* » un peu plus gros, mais-difficile à déga» ger des trachées qui l'environnent. » *Swammerdam* regarde ces deux corps » *tt* comme les testicules. Nous avons fc donc deux corps d'un volume considé» râble qui communiquent avec deux » autres corps encore plus longs et plus » gros. Ces quatre corps ont un tissu cel» Julaire, rempli d'une liqueur laiteuse, » qu'on en peut tirer par expression, Le » cordon long et tortueux *r*, auquel tien» nent les deux plus grands de ces corps, » ceux qui ont été nommés *les vésicules* » *séminales*; ce cordon, dis-je, est san» » doute le conduit par lequel la liqueur » laiteuse peut sortir. Après s'être plié et » replié plusieurs fois sur lui-même, il » s'élargit, ou si l'on veut, il se termine

» une espèce de vessie *H*, ou de sac » charnu. On trouve cette dernière partie » plus ou moins allongée, et plus ou, » moins applatie dans différens mâles; » en l'appelant *le corps lenticulaire,* » ou la *lentille,* nous lui donnons un nom qui présente une image assez res » semblable de la figure qu'il a constam » ment dans tous les faux-bourdons, » dont les parties interieures ont acquis » de la consistance dans l'esprit-de-vin.

» Ce corps / *i* est donc une lentille assez)) renflée, dont la moitié, ou à peu près, » de la circonférence, est bordée par » deux lames écailleuses *e i,* de couleur » de marron, qui suivent la courbure de » son contour. Un petit cordon blanc, » qui fait le vrai bord de la lentille, est » pourtant visible, et les sépare l'une de » l'autre. Cette lentille est un peu oblon » gue; aussi, pour nous exprimer plus » commodément, lui donnerons-nous » deux bouts, que nous distinguerons » l'un de l'autre par le nom de *posté».* rieur et celui d'antérieur. Le bout » antérieur *l,* le plus proche de la tête, » est celui où s'insère le canal *r,* qui part » des vesicules séminales. Le bout opposé » *z,* le pi us proche de l'anus, est le *posté y rieur;* c'est d'auprès de ce dernier que » partent les deux lames écailleuses *ei, e i,* » d'où chacune s'élargit pour venir cou » vrir une partie de la lentille. Audessous » de l'endroit où chaque lame s'est le » plus élargie, elle a une espèce d'échan » crure, qui lui fait deux pointes mousses, » d'inégale longueur, et dont la plus » longue est sur la circonférence de la » lentille. Outre ces deux lames écailleuses » il y en a deux autres *nn,* de la même » couleur, plus étroites, et au moins plus » courtes de la moitié, dont chacune est » posée tout proche des précédentes, et)) dont l'origine est auprès de l'origine de » celle qu'elle accompagne; c'est-à-dire » au bout postérieur de la lentille. Le » reste de cette lentille est blanc et mem

» braneux: de son bout postérieur part x un tuyau k, un canal de même blanc et x de même membraneux, du diamètre duquel il est difficile de juger, car les

» membranes qui le forment sont visi j blement plissées. A un des côtes de ce

» tuyau est attachée une partie p, char » nue, qui a quelque chose de la figure » d'une palette, dont une des faces seroit » concave, et auroit ses bords gaudron » nés; l'autre face de cette palette est con » vexe; en quelques circonstances les gau 5 drons se relèvent, leurs bouts excé » dent le reste du contour, ils forment » des espèces de rayons qui font paroître » la palette très-joliment ouvragée. Elle î) est couchée sur la lentille, elle s'y ap » plique par sa partie concave; mais elle B ne lui est pas adhérente. *Swammer* » *dam* a paru disposé à croire que cette y palette est la partie qui caractérise le

» mâle,

» Les parties dont nous venons de » parler, et qui sont les plus visibles « dans le corps des faux-bourdons, ne » sont point encore de celles qui en sor» tent les premières, ni de celles qui, » hors du corps, se font le plus remarquer.

» Si on considère le canal k, ou l'espèce

» de sac qui part du bout postérieur de » la lentille, si on le considère, dis-je, » du côté opposé au bord de la lentille, » qui fait la séparation des deux grandes î) plaques écailleuses, on voit distincter 3) ment ce corps u, que nous avons ap » pelé l'arc; on peut compter ces cinq » bandes velues disposées transversalement, elles sont de couleur fauve, pen » dant que le reste est blanc. Cet arc

» semble même hors du canal membra V) neux, parce qu'il n'est recouvert que

» par une membrane très-transparente; pat

» un de ses bouts il atteint presque le » corps lenticulaire, et par l'autre il se » termine à l'endroit où le canal membra

» neux se joint à des membranes m, plisr

» sées et jaunâtres, qui font une espèce

» de sac, qui s'applique contre les bords 5) de l'ouverture, préparée pour laisser

» sortir toutes les parties destinées à la

» génération. Les membranes roussâtres

» dont nous parlons sont celles que la » pression, oblige à se montrer les pre» raières en dehors, celles qui forment » cette masse allongée dont le bout est 5) une espèce de masque velu. Enfin à » ce sac, fait de membranes roussâtres, » tiennent deux appendices ce, d'un 5) jaune rougeâtre, et rouges même à leur » bout; ce sont ces appendices qui pa» roissent en dehors, sous la forme de » cornes.

» Quand en pressant le ventre d'un » faux-bourdon peu à peu, mais de plus » en plus et avec precaution, on fait suc» cessivement sortir de nouvelles parties, ces parties se montrent par la face op» posée à celle qu'elles présentent lors» qu'elles sont dans le corps. La surface » de ces parties, qui étoit alors l'intéy rieure, devient l'extérieure j il leur » arrive ce qui arrive à un bas qu'on re» tourne. Si l'entrée du bas qu'on veut » retourner étoit fixée contre un cerceau, » et qu'on commençât à renverser le bas » peu a peu en commencant par la bande » la plus proche de l'ouverture, et ainsi » de suite, de façon qu'on fît sortir le

» talon et le pied les derniers, on au» roit dans le retournement du bas une » image de la manière dont se retournent » les parties du mâle des abeilles pour » paroître en dehors.

» Quand on connoît leur disposition » dans l'interieur il est aisé de juger de

» l'ordre dans lequel elles doivent se 7) montrer à l'extérieur. Le sac roussâtre,

» qui est le plus près de l'ouverture, doit)) paroître le premier, et comme une por

» lion de sa surface intérieure est velue,

» elle fournit le masque velu. Les bases

» des cornes doivent ensuite commencer

» à se faire voir, l'arc doit paroître ensuite.

» Quand Parc est entièrement sorli, il » faut redoubler la pression pour faire » sortir de nouvelles parties; car c'est) par le bout de cet arc que sort le corps)) lenticulaire qui prend alors une figure » très-allongée. Malgré cette figure il est

» aisé à reconnoître, et il est évident qu'il

» a été renversé, parce que sur l'un de » ses côtés, on trouve les plaques écail

» leuses que nous ayons décrites, et la » face par laquelle on les voit est concave, » au lieu que celle par laquelle on les » voit dans le corps est convexe. »

Le corps lenticulaire li, armé des lames écailleuses ie,ie, est la seule des parties décrites par M. de Réaumur, que nous ayons trouvé engagée dans la vulve de nos reines.

Le canal rque *Swammerdam* a appelé la racine du pénis, se rompt après la fécondation: nous en avons vu les fragmens à l'endroit où il se joint au bout / de la lentille, vers sou extrémité antérieure; mais nous n'avons trouvé aucune trace du canal k fait de membranes plissées, qui part de son bout postérieur; ni de la palette gaudronnée p qui adhère à ce canal, et que *Swammerdam* avoit nommée pénis, à cause de sa ressemblance à celui d'autres animaux, quoiqu'il ne crût pas lui-même que cette partie qui n'est point percée pût en faire les fonctions. Il faut donc que le canal k et tout ce qui lui appartient, se rompe en i tout près du bout postérieur de la lentille, et que ces parties restent dans le corps du mâle.

Quand on dissèque un faux-bourdon on voit vers le commencement du canal *r* deux nerfs très-apparens qui s'insèrent dans les vésicules seminales, et leur distribuent, ainsi qu'à la racine du penis, beaucoup de ramifications.

Selon *Swammerdam* ces nerfs et leurs ramifications peuvent servir tout à la fois au mouvement de ces parties, à l'emission dela liqueur seminale et au sentiment de plaisir dans l'instant de cette emission.

On apercoit encore tout auprès de ces nerfs deux ligamens destines à retenir en 'situation les organes generateurs, de sorte qu'on ne peut les en tirer sans faire quelqu'effort, excepté cependant la racine du pénis et la lentille, qui peuvent sortir naturellement, et qui sortent en effet hors du corps du mâle dans l'accouplement.

Le canal *r* n'est point étendu dans le corps des mâles comme il l'est dans la figure que j'ai fait graver ici; mais ce conduit long et tortueux se plie et se replie plusieurs fois depuis les vésicules *s s* d'où il part, jusqu'au corps lenticulaire où il aboutit et où il porte la liqueur séminale. Il peut donc se déplier, s'étendre, s'allonger autant et plus qu'il ne le faut pour permettre à la lentille de s'avancer dans le corps du mâle, d'en sortir et de passer dans celui de la femelle.

Lorsqu'on ouvre un faux-bourdon on voit que cela peut être ainsi; car si l'on saisit le corps lenticulaire, et si l'on essaye de le déplacer, les plis du canal tortueux s'effacent, ce cordon s'allonge considérablement, et si l'on veut l'écarter davantage il se rompt en /, tout auprès de la lentille et précisément au même endroit où il s'en sépare après la copulation.

Une pression plus ou moins forte peul faire sortir du corps des mâles plusieurs des parties que la figure représente; mais elles se retournent alors, se renversent comme un gant et se montrent par leur face intérieure. Swammerdam et Réaumur ont admiré ce mécanisme, et l'ont décrit avec la plus grande précision. Nous avons pressé comme eux un grand nombre de mâles, nous avons vu très-souvent ce retournement vraiment merveilleux, et compris qu'il pouvoit être opéré par l'effort de l'air. Mais ce qu'il nous est impossible de croire, c'est que les parties de la génération se retournent du dedans au dehors dans l'accouplement, comme cela arrive par l'effet d'une pression extraordinaire; car aucun des mâles que nous avons pressé n'a survécu à cette operation: il est fort singulier qu'une circonstance aussi remarquable ait échappé h ces grands naturalistes.

Nous avons bien vu, comme M. de Réaumur, des mâles que nous Savions point pressés, et qui avoient fait sortir quelques-unes de leurs parties retournées; mais ils étoient morts à l'instant, et sans avoir pu faire rentrer dans leurs corps celles de ces parties qu'une pression, peut-être accidentelle, avoit forcé d'en sortir.

Une autre observation prouve encore que le renversement dont il est ici question. n'a point lieu dans l'ordre naturel. En. examinant la lentille dont la reine s'étoit débarrassée en notre présence, nous vîmes clairement qu'elle n'avoit point été retournée, puisque la face par laquelle on la voyoit était la même que celle par laquelle elle se montre dans le corps du mâlej ce que nous reconnûmes à la position de ses quatre lames écailleuses, qui nous officient leur convexité, et qui recouvroient la lentille vers son bout postérieur; dans le cas du retournement, le contraire seroit nécessairement arrivé.

Nous soupçonnâmes dès lors que ces lames, destinées, selon M. de Réaumur, à fortifier le corps lenticulaire, pouvoient avoir un usage plus important et faire l'office de pinces ou de crochets. La situation respective de ces lames, leur figure, leur consistance écailleuse, la place qu'elles occupoient sur la lentille, et surtout les efforts qu'avoit dû faire noire reine pour s'en débarrasser, sembloient appuyer cette conjecture: mais elle ne fut vérifiée que lorsque nous eûmes vu ces parties etob

Serve leur disposition dans le corps même des femelles que nous sacrifiâmes à notre curiosité. Nous empêchâmes pour cela quelques-unes de nos reines de déplacer et d'arracher de leur corps les parties qu'y avoient laissées les mâles qui venoient de les féconder, et la dissection nous apprit que ces lames étoient de vraies pinces ou des crochets, comme nous l'avions conjecturé.

La lentille étoit placée au-dessous de l'aiguillon des reines, et le pressoit contre la région supérieure du ventre; elle remplissoit donc la cavité de la vulve, et elle s'appuyoit par son bout postérieur contre telui du vagin ou du canal excrétoire des oeufs. C'étoit la que l'on voyoit le jeu et l'usage des pièces écailleuses; elles étoient écartées l'une de l'autre, mais un peu plus qu'elles ne le sont dans le corps du mâle. Elles étoient implantées au-dessous de l'orifice du vagin et pressoient entr'elles quelques parties que leur extrême petitesse ne nous a pas permis de distinguer j mais l'effort qu'il nous a fallu faire pour les separer et pour enlever le corps lenticulaire, ne nous a laissé aucun doute sur l'usage de ces crochets écailleux.

Les lentilles prises dans le corps des mâles nous ont toujours paru moins grosses que celles que nous avons trouvées dans la vulve des femelles; et nous avons remarque, comme M. de Réaumur, que ces mêmes parties, prises dans differens mâles, n'ont pas toujours un volume égal; mais nous en avons découvert une, qui lui avoit échappé ainsi qu'à Swammerdam; ce nouvel organe joue probablement le premier rôle dans la fecondation. Nous en parlerons en rendant compte de l'experience qui nous l'a fait apercevoir.

Première expérience.
Le 10 Juillet nous laissâmes sortir, les unes après les autres, trois reines vierges, et âgées de quatre à cinq jours. Deux de ces reines prirent l'essor plusieurs ibis, leurs absences furent courtes et infructueuses; celle à qui nous donnâmes la liberté la dernière,-en profita mieux que les autres; elle sortit trois fois: ses deux premières absences ne furent pas longues, mais la dernière dura trentecinq minutes. Elle revint alors dans un etat bien different, et qui ne nous permit pas de douter de l'emploi qu'elle avoit fait de son temsj car sa

vulve entr'ouverte permettoit de voir les parties qu'avoit laissées dans son corps le mâle qui l'avoit rendue mère.

4ous saisîmes ses quatre ailes d'une main, et nous reçûmes dans l'autre le y corps lenticulaire qu'elle arracha de sa vulve avec les crochets de ses pieds; son bout posterieur étoit armé de deux pinces écailleuses et élastiques; on pouvoit les écarter l'une de l'autre; si on les lâchoit, elles se rapprochoient et se mettoient dans leur première situation.

Vers le bout antérieur de la lentille, on voyoit un fragment de la racme du pénis; ce conduit s'étoit rompu à une demi-ligne du corps lenticulaire: ne seroit-il fragile *Tome I.* 6 en cet endroit que pour faciliter la separation du mâle et de la femelle? on seroit tenté de le croire. Nous laissâmes rentrer cette reine dans son habitation; nous arrangeâmes sa porte de manière qu'elle ne pût en sortir à notre inscu.

Le 17." nous visitâmes sa ruche, nous n'y trouvâmes point d'œufs; la reine étoit tout aussi mince que le jour de sa première sortie. Le mâle qui s'étoit uni avec elle ne l'avoit donc pas fécondée. Nous essayâmes de lui offrir encore la liberté; elle en profita, et après deux absences rapporta à sa ruche les preuves d'un nouvel accouplement; nous la renfermâmes encore, et les oeufs qu'elle pondit dans la suite, nous prouvèrent que le second avoit été plus heureux que le premier, et qu'il pouvoit y avoir des mâles plus propres que d'autres à la fécondation.

Il est cependant bien rare qu'un seul accouplement ne suffise pas; flans le cours de nos nombreuses expériences, nous n'avons vu que deux reines à qui il en ait fallu plus d'un pour devenir fécondes, et toutes les autres l'ont été, dès la première fois qu'elles se sont accouplées.

Seconde Expérience.
Le 18." nous offrîmes la liberté à une reine vierge, âgée de vingt-sept jours; elle sortit deux fois; sa seconde absence dura vingt-huit minutes, et à son retour elle rapporta à sa ruche les preuves de son accouplement, Nous ne l'y laissâmes point rentrer; mais nous la plaçâmes sous un verre, pour voir comment elle se débarrasseroit des parties du mâle qui empêchoient sa vulve de se refermer; elle ne pût y réussir tant qu'elle n'eût que la table et les parois glissantes du vase pour point d'appui. Nous introduisîmes sou» son verre un petit morceau de gâteau, afin de lui donner les mêmes facilité qu'elle auroit trouvées dans sa ruche, et pour voir si avec ce secours elle sauroit. se passer de celui des abeilles, Elle y monta bien vîte, se cramponna aux bords des cellules avec ses quatre premières jambes j puis, allongeant les deux der nières, et les étendant le long de sott ventre, elle paroissoit le presser et le frotter en les glissant de haut en bas le long de ses côtés; passant enfin les crochets de ses pieds dans l'ouverture que laissoient entr'elles les deux pièces du dernier anneau, elle saisit le corps lenticulaire et le laissa tomber sur la table; nous le prîmes alors: son bout postérieur étoit reellement armé de deux pinces écailleuses, au-dessous desquelles, et dans la même direction, e'toit un corps cylindrique, d'un blanc grisâtre; le bout de ce corps, le plus éloigné de la lentille, nous parut sensiblement plus gros que celui par lequel il y adhéroit; et après ce renflement, il se terminoit en pointe; cette pointe étoit double et ouverte en bec d'oiseau, ce qui nous fit juger que ce corps avoit été rompu et déchiré; l'expérience suivante appuya cette conjecture.

Troisième Expérience.
Le 19.' nous donnâmes la liberté à une reine vierge et âgée de quatre jours; elle sortit deux fois; sa seconde absence, toujours plus longue que la première, dura trente-six minutes; elle revint de sa dernière course avec les marques de sa fecondation. Nous voulions avoir entières les parties que le mâle avoit laissees dans sa vulve; il falloit, pour y parvenir, empêcher que la reine ne les rompit, en les arrachant avec ses pieds: après avoir tué cette femelle le plus promptement qu'il nous fut possible, on coupa ses derniers anneaux pour mettre sa vulve à découvert; mais en lui ôtant la vie, nous n'avions pas détruit le mouvement; il y en eut de tels dans ces parties, que le corps lenticulaire en sortit spontanément, et que celui que nous avions intérêt de voir se rompit comme la première fois; nous fûmes donc obligés de répéter cette épreuve: je ne donnerai que les résultats de celles qui nous permirent de l'avoir dans son entier.

En séparant le corps lenticulaire de l'orifice du vagin, contre lequel il étoit appliqué, il nous arriva plusieurs fois d'entraîner avec lui un corps blanc qui lui adheroit par une de ses extrémites; l'autre était engagee dans le canal excretoire des ceufs.

Ce corps paroissoit cylindrique à son origine vers la lentille, il se renfloit en Suite, puis il se rétrécissoit pour se dilater encore et pins que la première foisj il formoit alors une espèce de gland, après quoi il diminuoit graduellement, et se terminoit en pointe aiguë.

Ces détails n'étoient point sensibles à la vue simple, et il falloit une loupe assez forte pour les apercevoir..

La figure de ce corps et sa position sembloient autoriser à le regarder, comme la partie caractéristique du mâle, dont le corps lenticulaire ne seroit qu'un appendice; mais la dernière reine que nous eûmes à notre disposition nous fit voir une particularité qui détruisit cette coujecture, *Quatrième Expérience* 16 sa. nous donnâmes la liberté a. deux reines vierges: la première était déjà sortie les jours précedens, mai elle n'a voit point ete fécondée; nous la saisîmes à son retour; elle avoit la vulve entr'ouverte et la lentille du mâle paroissoit entre ses lèvres: nous voulions la mettre hors d'état de s'en débarrasser elle-même, mais elle l'enleva avec set jambes si vivement, que nous ne pûmes ïa prévenir, et nous la laissâmes rentrer dans sa ruche.

La seconde reine à qui nous avions donné la liberté, sortit deux fois; sa première absence fut courte, comme à 3'ordinaire: la seconde dura environ demi-heure; elle revint alors féconde, et nous la prîmes à son retour. Nous l'ouvrîmes promptement après Pavoir tue'e. On trouva le corps lenticulaire placé comme dans toutes les reines que nous avions observées jusqu'alors: ses pinces pénétroient au fond de 1» vulve; les pointes mousses qui les terminent nous parurent implantées au-dessous du canal excrétoire des œufs: eHes pressoient eutr'elles des parties que nous ne pûmes distinguer, à cause de leur extrême petitesse: la resistance que nous éprouvâmes en essayant de les détacher, ne nous permis pas de douter que ces crochets ne servissent à rapprocher l'extrémité de la lentille de l'orifice du vagin et à l'y tenir appliquée. Par cette précaution donl ou a des exemples chez d'autres insectes, le mâle et la reine ne pouvant se séparer qu'après avoir accompli le vœu de la nature, le succès de leur union en étoit plus assuré.

Avant de déranger ces parties, nous les placâmes au foyer du microscope: nous vîmes alors une particularité qui nous avoit échappé: en tirant en arrière le corps, lenticulaire, il sortit du vagin une petite partie *(voyez fig.* a.) adhérente au bout postérieur de la lentille et placée au-dessous des pinces écailleuses. Elle rentra d'elle-même dans la lentille comme les cornes d'un limacon. Cette partie est très-courte, blanche, et paroit cylindrique; y avoit au-dessous des, places quelque peu de liqueur séminale à demi-coagulée au fond de la vulve. En cherchant ce qui pouvoit être reste alors dans le vagin, nous n'y trouvâmes aucune partie dure: nous en exprimâmes beaucoup de sperme: cette matière étoit presque liquide, mais bientôt elle se coagula et forma une masse blanchâtre qui n'avoit rien d'organise. Cette observation faite avec soin detruisit tous nos doutes et nous démontra que ce que nous avions pu prendre pour la partie caractéristique du mâle, n'étoit autre chose que la semence elle-même qui s'etoit coagulée dans l'intérieur du vagin et en avoit pris la forme.

La seule partie dure que le mâle eut introduit dans le vagin de la femelle étoit donc cette pointe courte et cylindrique qui s'etoit retirée dans la lentille quand nous l'en avions séparée. Son office et sa situation prouvent que c'est là qu'il faut chercher l'issue de la liqueur séminale, si toute fois on peut espérer de la trouver ouverte en tout autie tems que celui de l'accouplement.

Nous avons cherché cette nouvelle partie dans les faux-bourdons, et nous l'avons trouvée dans le premier que nous avons disséqué; en pressant du haut en bas les vésicules séminales (*ss, fig.* ,) nous avons forcé la liqueur blanche dont elles étoient remplies à en sortir, et a descendre dans la racine du pénis *r,* et dans le corps lenticulaire *li,* qui s'est alors sensiblement gonflé. Nous avons empêché que cette liqueur ne retournât en arrière, et nous l'avons forcée, par une nouvelle pression, à se porter en avant. Cependant en pressant la lentille même, la liqueur n'eu est point sortiej mais nous avons vu paraître vers *son.* bout postérieur, et au-dessous des pinces écailleuses un petit corps blanc, court, cylindrique, et qui avoit la même apparence fue celui que nous avions trouvé engagé dans le vagin de notre reine. Quand nous ne pressions pas la lentille,, cette partie y rentrait, et nous la voyons, reparaître toutes les fois que nous recommencions de la presser.

Je vous piie, Monsieur, en lisant cettelettre de jeter les yeux sur la figure que M. de Reaumur a publiee des organes sexuels des faux-bourdons et que j'ai fait copier; les descriptions qui y sont jointes, m'ont paru fort exactes, et donnent une idée juste de la situation de ces parties, lorsqu'on les observe dans le corps des mâles. Sur la seule inspection de ces figures, on conçoit facilement l'apparence que presentent ces mêmes parties dans la vulve de la femelle, lorsquelles y restent implantées après l'accouplement.

Les détails que j'ai exposés achèvent de fixer l'imagination du lecteur, et indiquent suffisamment la situation et la forme de l'organe que j'ai découvert et qui doit être regardé comme la verge de l'abeille mâle dont la lentille ne seroit qu'un appendice.

Je ne doute point qu'en perdant leurs parties sexuelles les faux-bourdons ne périssent après l'accouplement (), Mais () Eu réfléchissant wn jour à la découverte qui fait le sujet de celte lettre, et à l'impossibilité d'être téjqoin$ d'un accouplement qui s'opère dans les airs, il parut qu'on ajoutèrent «««« preuve de plus à par quelle raison la nature a-t-elle exigé de ce mâle un si grand sacrifice? C'est un mystère, que je n'entreprendrai point celles que nous en avions eues, si l'on pouvoit trouver le mâle qui auroit fécondé une de nos reines, et le saisir à son retour: mais nous ne devions l'espérer que dans le cas où il ne mourroit pas de mort subite après l'accouplement, et où il auroit encore le Sema de revenir à sa ruche.

Burnens pensa qu'il seroit aisé à reconnoître et à distinguer de ceux qui meurent sans s'être accouplés, et sans avoir souffert aucune mutilation. Il se condamna donc à examiner un à un tous les faux-bourdons qu'il trouvèrent morts auprès des ruches, pendant la saison des essaims.

Après de longues et inutiles recherches, il en trouva enfin quelques-uns qui étoient effectivement venus mourir aux pieds de leurs ruches, et qui avoient été évidement mutilés, car ils avoient perdu celles de leurs partiesgénitales qui restent dans la vulve des reines. La racine du pénis étoit sortie de leur corps apre l'accouplement, un bout de ce canal long de dix à douze lignes, pendoit à l'extrémité de leur ventre, et s'y étoil desséché. Aucune des parties que la pressions peut obliger à paroître, ne se monlroit en cet endroit.

Ces observations, faites avec le plus grand soin., confirmèrent la conjecture que j'avois déjà énoncée, savoir: qu'aucune autre partie que le pénis et ses appendices ne sort du corps des mâles au teins, de l'accouplement. Ellts prouvèrent aussi que les mâles périssent après avoir perdu leurs parues se &uellcs, ei que de pénétrer. Je ne connois aucun fait analogue dans l'histoire des animaux; mais comme il y a deux espèces d'insectes dont l'accouplement ne peut s'opérer que dans les airs, les éphémères el les fourmis, il seroit très-intéressant de savoir si leurs mâles perdent aussi leurs parties sexuelles dans ces circonstances, et si en faisant, comme les fauxbourdons, l'amour au vol, la jouissance est aussi pour eux, le prélude dela mort? Agréez l'assurance de mon respect, etc. TROISIÈME LETTRE

Du 29 Mai i8i3.

N.B. Je n'ai point observé les accoupleinens des éphémères, mais M. Degers qui en a été le temoin, ne dit pas que leurs mâles soyenl niutile's. Une circonstance aussi remarquable ne lui seroit pas échappée.

Quant aux fourmis, leurs mâles perdent si peu leurs parties sexuelles, qu'ils peuvent féconder plusieurs femelles de suite, et je m'en suis assuré par des observations répétées.

leur mort *n'est* pas aussi prompte que l'on auroit pu le penser.

En venant mourir aux pieds de leur ruche, ils rapportent, ainsi que la reine, les preuves de leur union et d'une vérité long-tems méconnue.

Continuation du même sujet. Observations sur les reines-abeilles, dont la fécondation est retardée. »

Pregny, 21 Août 1791.

Monsieur,

Je vous ai dit dans ma première lettre, que lorsqu'on ne permettoit aux jeune» reines abeilles de recevoir les approches du mâle que le vingt-cinquième ou trentième jour après leur naissance, le résultat de cette fécondation présentoit des particularités très-intéressantes. Je ne vous en donnai pas alors les détails, parce qu'au moment où j'eus l'honneur de vous écrire, mes expériences sur ce sujet n'avoient pas encore été assez multipliées. Dès-lors je les ai répétées un si grand nombre de fois, et leurs résultats ont été si uniformes, que je ne crains plus de vous annoncaí comme une dé couverte certaine, le singulier effet que produit sur les ovaires de la reine abeille le retard de la fe'condation. Lorsqu'une reine tecoit les approches du mâle dans les quinze premiers jours de sa vie, elle devient en état de pondre des œufs d'ouvrières et des œufs de faux-bourdons: mais si sa fécondation est relardée jusques au vingt-deuxième jour, ses ovaires sont viciés de manière qu'elle deviendra inhabile à pondre des œufs d'ouvrières; elle ne pondra plus que des œufs de mâles.

J'étois occupé de recherches relatives a la formation des essaims, lorsque j'eus, pour la première fois, l'occasion d'observer une reine qui ne pondoit que dea œufs de faux-bourdons. C'étoit en juin 1787. J'avois vu qíée quand une ruche est prête à essaimer, le moment du jet est toujours précédé par une agitation très-vive, qui d'abord saisit la reine, se communique ensuite aux ouvrières, et excite au milieu d'elles un si grand tujnulte, qu'elles abandonnent leurs traVaux, et sortent en desordre par les portes de leur ruche. Je savois bien alors quelle étoit la cause de l'agitation de la reine (); mais j'ignorois encore comment ce delire se communiquoit aux ouvrières, et cette difficulté arrêtoit mon travail. Pour la résoudre, j'imaginai de chercher par des experiences directes, si toutes les fois que la reine se roi t fortement agitée, même hors du tems des essaims, son agitation se communiqueroit également aux abeilles communes. J'enfermai dans une ruche une reine, au moment de sa naissance, et je l'empêchai de sortir, en rendant les portes de sou habitation trop étroites pour elle. Je ne doutois pas que dès qu'elle sentirait le désir impérieux de se joindre aux mâles, elle ne fît de grands efforts pour s'échapper de la ruche, et que l'impossibilité d'y réussir ne la jetât dans une sorte de délire. Burnens eut la constance d'observer cette reine captive pendant trente () Je l'exposerai dans l'hisloirc des essaims.

cinq Jours. Il la vit tous les matins vers les onze heures, lorsque le tems étoit beau, et que le soleil invitoit les mâles à sortir des ruches, il la vit, dis-je, parcourir impétueusement tous les coins de son habitation pour chercher une issue: mais comme elle n'en trouvoit point, ses efforts inutiles lui donnèrent chaque fois une agitation extraordinaire, dont je décrirai ailleurs les symptômes, et dont les abeilles communes ressentirent aussi les atteintes. tendant le cours de cette longue prison, la reine ne sortit pas une seule fois, elle ne put donc pas être fecondee. Lé trentesixième jour je lui rendis enfin la liberté, elle en profita bien vite, et ne tarda pas à revenir avec les signes les plus marqués de fécondation. Content du succès de cette expérience pour l'objet particulier que je mV'tois proposé, j'étois loin d'espérer qu'elle me procureroit encore la connoissance d'un fait très-remarquable. Quelle ne fut point ma surprise, lorsque je reconnus que cette femelle, qui coitt *Tome L* 7 menca comme à l'ordinaire sa ponte, quarante-six heures après l'accouplement, ne pondoit point des oeufs d'ouvrières, mais des œufs de faux-bourdons, et que dans la suite elle pondit uniquement des œufs de cette sorte!

Je m'epuisai d'abord en conjectures sur ce fait singulier; mais plus j'y réfléchissois, plus je le trouvois inexplicable. Enfin, en méditant avec attention sur les circonstances de l'experience que je viens dvî décrire, il me parut qu'il y en avoit deux principales, dont je devois tâcher avant tout de peser séparément l'influence. D'un côté, cette reine avoit souöert une prison fort longue j d'un autre côté, sa fécondation avoit été extrêmement retardée. Vous savez, Monsieur, que les reines-abeilles recoivent ordinairement les approches du mâle le cinq ou sixième jour après leur naissance, et celle-ci ne s'étoit accouplée que le trente-sixième jour. Si je suppose ici que l'emprisonnement pouvoit être la cause du fait, ce n'est pas que je donne moi-même beaucoup de poids à cette supjposition. Dans *Vêlât*, naturel, les remeabeilles ne sortent de leur ruche que pouf aller chercher les mâles peu de jours après leur naissance: pendant tout le reste de leur vie si on excepte le jour du départ de l'essaim qu'elles conduisent, elles y sont volontairetnei.i prisonnières: il étoit donc bien peu vraisemblable que la Cap tivité eût produit l'effet que je tr$vaillois à expliquer. Cependant, comme dans un sujet aussi neuf il ne faut rien négliger, je voulus m'assurer d'abord si c'e'toit à la longueur de l'emprisonnement, ou bien au retard de la fécondation, qu'étoit du0 Ja singularité que j'avois observée dans la ponte de cette reine.

Mais ce travail n'étoit pas facile. Pour découvrir $i c'étoit la captivité de la reine et non le retard de la fécondation, qui a voit vicié ses ovaires, il auroit fallu permettre a une femelle de recevoir le$ ap proches du mâle, et cependant la retenir prisonnière j or cela ne se pouvojt pas, attendu que les reines-abeilles ne s'accoii pleut jamais dans l'inlérieur des ruches, Par la même raison il étoit impossible de retarder l'accouplement d'une reine sans la constituer prisonnière. Cette difficulté m'embarrassa long-tems: j'imaginai enfin un appareil qui n'étoit pas rigoureusement exact, mais qui remplissoit à peu près mon but.

Je pris une reine au moment où elle venoit de subir sa dernière métamorphose j je la plaçai dans une ruche bien approvisionnée, et peuplée d'un nombre suffisant d'ouvrières et de mâles. Je rétrécis la porte de cette ruche au point qu'elle devînt trop étroite pour le passage de la reine, en la laissant assez large pour que les abeilles communes pussent aller et venir librement. Je pratiquai en même tems une autre ouverture pour le passage de la reine, et j'y adaptai un canal vitré qui communiquoit à une grande boîte carrée de verre, de huit pieds en tout sens. La reine pouvoit venir à tout instant dans cette boîte, y voler, s'y ébattre, y respirer un air meilleur que celui de l'intérieur des ruches, et cependant elle ne pouvoit y être fécondée; car quoique les mâles volassent aussi dans cette même enceinte, l'espace en etoit trop borné pour qu'il put s'e'tablir aucune jonction enlr'eux et la femelle. Vous savez, Monsieur, par les expériences que je vous ai racontées dans ma première lettre, que l'accouplement ne se fait que dans le haut des airs. Je trouvai donc dans la disposition de cet appareil l'avantage de retarder la fe'condation, en même tems que je laissai à la reine une liberté assez grande pour que l'état dans lequel elle seroit appelée à vivre, ne fut pas trop éloigné de l'état de nature. Je suivis cette expérience pendant quinze jours. La jeune femelle captive sortit de sa ruche tous les matins, lorsque le tems étoit beau; elle vint se promener dans sa prison de verre, elle y voloit avec assez de facilité, et se donnoit beaucoup de mouvement. Pendant cet intervalle elle ne pondit point, parce qu'ḉlle n'eût de jonction avec aucun mâle. Enfin le seizième jour je lui donnai une entière liberté: elle s'éloigna de sa ruche, s'éleva dans le haut des airs, et revint arçec tous les signes de fécondation, Deux jours après elle pondit: ses premiers œufs furent des Oeufs d'ouvrières, et dans la suite elle en pondit autant que les reines les plus féf tondes,

IJ suit de là, i, que la captivité n'altère poin!t les organes des reines-abeilles, a. Que lorsque la fécondation a lieu dans les seize premiers jours qui suivent Jeur naissance, elles pondent des oeufs $es deux sortes,

Cette première expérience dtoit fort importance; en m'indiquant clairement la que je devois suivre dans mon tra elle le rendoît beaucoup plus simple; elle excluoit absolument la supposition, que j'avois faite sur l'influence de la tivîté» et ne ine laissoit à chercher les effets 4'un plus long retard dans la tondation,

Dans «e but je répétai l'expérience de la même manière que la fois; mais au iïeu de rendre a la, tkfe (jqe je plaçai dans la ruche, sa liberte le seizième jour après sa naissance, je la retins captive jusqu'au vingt-r unième jour; elle sortit alors, s'éleva dani Fair, fut fécondée, et revint dans sou habitation. Quarante-six heures après elle commença à pondre, mais c'étoient des ceufs de mâles, et dans la suite, quoiqu'elle fût très-féconde, elle n'en pondit aucun d'une autre sorte. Je m'occupai encore pendant le reste de cette annëV 3 787, et dans les deux années suivantes, d'expériences sur le retard de la fécondation, et j'eus constamment les mêmes résultats. Il est donc vrai, que lorsque l'accouplement des reines-abeilles est retardé au-delà du vingtième jour, il n'opère, si je puis parler ainsi, qu'une demi-fécondité: au lieu de pondre également des eeufs d'ouvrières et des ceufs de mâles, ces reines pondront des oeufs de mâles seulement.

Je ne prétends point à l'honneur d'expliquer ce fait étrange. Lorsque la suite de mes observations sur les abeilles m'a fait connoître qu'il y avoit quelquefois dans les ruches des reines qui ne pondoïént que des œufs de faux-bourdons, j'ai dû chercher quelle étoit la cause *prochaine* d'une pareille singularité, et je me suis assuré que cette cause est le retard de la fécondation. La preuve que j'en ai acquise est démonstrative, car je puis toujours empêcher les reines abeilles de pondre des œufs d'ouvrières en retardant leur féconda- tion jusques an vingt-deuxième, ou vingt-troisième.jour. Mais quelle est la cause *éloignée* de ce fait, ou en d'autres termes, pourquoi le retard de la fécondation met-il les reines abeilles hors d'état de pondre des œufs d'ouvrières? C'est un problème sur lequel l'analogie nc fournit aucune lumière; dans toute l'histoire physiologique des animaux, je ne connois point d'observation qui y ait le moindre rapport.

Ce problème paroît bien plus difficile encore, quand on sait comment les choses se passent dans Fêtât naturel, c'est-à-dire, lorsque la fécondation n'a «ouffert aucun retard. Dans ce cas, quarante-six heures après l'accouplement, la reine pond des œufs d'ouvrières, et continue jusqu'à l'âge de onze mois, à pondre presque uniquement des œufs de cette sorte. Ce n'est ordinairement qu'au bout de ces onze mois qu'elle commence à faire une ponte considerable, et suivie d'œufs de mâles (). Quand au contraire la fecondation est retardée au-delà du vingtième jour, la reine pond, dès la quarante-sixième heure, des œufs de mâles, et n'en pond jamais d'autres pendant le reste de sa vie. Or puisque dans l'état naturel la reine ne pond que des œufs d'ouvrières, pendant les onze premiers mois, il est clair que les œufs d'ouvrières et les œufs de mâles ne sont pas mêlés indistinctement dans ses *oviductus:* les œufs occupent sans doute dans les ovaires une place cor () H paroît que ce terme n'est pas de rigueur, et que l'époquc de la grande ponte d'œufs de mâles peut être accélérée ou retardée selon que les circonstances atmosphériques sont plus ou moins favorables aux abeilles et à leurs recoltes.,,f respondante aux lois que suit la ponte: ceux d'ouvrières sont placés les premiers, ceux de faux-bourdons sont placés à la suite de ceux-la: et il semble que la reine ne peut pondre aucun œuf de mâle j qu'auparavant elle ne soit debarrassée de tous les œufs d'ouvrières qui occupent le premier rang dans ses *oviductus*. Pourquoi donc cet ordre est-il interverti lorsque l'accouplement est retardé? Comment se fait-il que tous les œufs d'ouvrières que la reine eût dû pondre, si la fécondation eût été faite à tems, se flétrissent, disparoissent, et n'arrêtent plus le passage des œufs de mâles, qui ne sont placés qu'en seconde ligne danâ les ovaires?

Ce n'est pas tout: je me suis assuré qu'un seul accouplement suffit à féconder tous les œufs qu'une reine abeille doit pondre pendant le Coûts de deux ans au moins: j'ai même lieu de croire que ca seul acte suffit à la fécondation de tous les œufs qu'elle pondra pendant sa vie tïiais je n'ai de preuve sûre que pour le terme de deux ans. Ce fait, déjà bien remarquable en lui-même, rend encore plus difficile à concevoir l'influence du retard de la fécondation. Puisqu'un seul accouplement suffit, il est clair que la liqueur des mâles agit dès le premier instant sur tous les œufs que la reine doit pondre pendant deux ans; elle leur donne suivant vos principes, Monsieur, ce degré *(l'animation* qui détermine ensuite leur développement successif; après avoir reçu cetle première *impul" sion de vie*, ils croissent, ils mûrissent, pour ainsi dire, progressivement jusques au jour où ils seront pondus: et comme les lois de la ponte sont constantes, que les œufs pondus pendant les onze premiers mois sont toujours des œufs d'ouvrières, il est clair que ces œufs, qui doivent sortir les premiers, sont aussi les premiers qui arrivent à la maturité; il faut donc, dans l'état naturel, l'espace de onze mois pour que les œufs de mâles prennent le degré d'accroissement qu'ils doivent avoir au moment où ils sont pondus. Cette conséquence, qui me paroît directe, rend le problème insoluble à mes yeux. Comment se fait-il que les œufs de mâles qui doivent croître lentement pendant onze mois, reçoivent tout-à-coup leur dernier développement dans l'espace de quarante-huit heures, lorsque la fécondation a été retardée au ? delà de vingt-un jours, et par le seul effet de ce retard? Remarquez, je vous prie, que la supposition de l'accroissement successif des œufs n'est pas gratuite: elle est bien dans les principes d'une saine physique: d'ailleurs, pour s'assurer qu'elle est fondée, il suffit de jeter les yeux sur la figure qu'a donnée Swammerdam des ovaires de la reine abeille: on y voit que les œufs renfermés dans cette partie des filets contiguë à la vulve, sont beaucoup plus avancés, plus gros que ceux qui sont contenus dans la partie opposée de ces mêmes filets. La difficulté que je propose ici reste donc dans toute sa force: c'est un abîme où je me perds.

Le seul fait connu qui ait une apparence de rapport avec ceux que je viens de décrire, c'est l'état où se trouvent certaines graines végétales qui, quoiqu'extérieurement bien conservées, perdent en vieillissant la faculté de germer: il se pourroit aussi que les œufs d'ouvrières ne conservassent que pendant un tems fort court la propriété d'être fécondés par la liqueur séminale, et que, passé ce terme, qui ne seroit que de quinze ou dix-huit jours, ils fussent désorganisés au point de ne pouvoir plus être *animés* par cette liqueur. Je sens, Monsieur, que cette comparaison est très-imparfaite, et que d'ailleurs elle n'explique rien; elle ne met pas même sur la voie de tenter aucune expérience nouvelle: je n'ajoute plus qu'une réflexion.

On n'avoit observé jusques ici d'autre effet du retard de la fécondation sur les femelles des animaux que de les rendre absolument stériles. Les reines abeilles nous offrent le premier exemple d'une femelle à laquelle ce retard laisse encore la faculté d'engendrer des mâles. Of comme il n'y a point cle fait unique dans la nature, il est très-vraisemblable qued'autres animaux nous offriroieut aussi la même particularite. Ce seroit donc un objet de recherches très-curieux, qu& d'observer les insectes sous ce nouveau point de vue. Je dis *les insectes* car je n'imagine pas qu'on découvrit quelque chose d'analogue dans les animaux d'un autre geqre. Il faudroit même comjnencer les expériences que j'indique ici sur les insectes qui se rapprochent le plu? des abeilles, comme les guêpes, les bourdons velus, les abeilles maçonnes toutes les espèces de mouches, etc. etc« On tenteroit ensuite quelques expériences sur les papillons; et on découvrirait peut-être alors quelque animal, sur lequel le retard de la fécondation produiroit le même effet que sur les reines abeilles. Si cet animal étoit d'une grandeur supérieure à celle des abeilles, la dissection en seroit beaucoup plus facile, et l'on discernèrent ce qui arrive aux ceufs dont le retard de la fecondation ne permet pas le developpement. Au moins pourroit-on espérer que quelque circonstance heureuse conduiroit à la solution du problème ().

Je reviens au recit de mes expériences.

En Mai 1789)6 saisis deux reines, au moment où elles subissoient leur dernière métamorphose; je plaçai l'une dans une *ruche en feuillets* bien pourvue de miel et de cire, et suffisamment peuplée d'ouvrières et de mâles. Je plaçai l'autre reine dans une ruche exactement semblable, mais dont j'avois enlevé tous les faux-bourdons. J'arrangeai les portes de ces ruches de manière que les abeilles () Les expériencesque je propose dans ce paragraphe me rappellent une réflexion fort singulière de M. de Réaumur. En parlant des mouches vivipares, il dit qu'il ne seroit point impossible qu'une poule accouchât d'un poulet vivant, si après avoir été fécondée, on trouvoil quelque moyen de retenir pendant vingt jour» dans ses *oviductus* le» premiers œufs qu'elle auroit du pondre. (Voyez *Réaumur sur le» instctts, Tom. IF moin io.'*) communes pussent jouir d'une entière liberté, mais je les rendis trop étroites pour le passage des femelles et des fauxbourdons. Je laissai ces reines prisonnières pendant l'espace de trente jours. Après ce terme, je leur donnai la liberté; elles sortirent avec empressement, et revinrent fécondées. Au commencement de Juillet je visitai les deux ruches, et j'y trouvai beaucoup de couvain: mais ce couvain étoit composé en entier de vers et de nymphes de mâles; il n'y avoit pas, à la lettre, une seule nymphe, un seul ver d'ouvrières. Les deux reines pondirent sans interruption jusqu'en automne, et toujours des œufs de faux-bourdons. Leur ponte finit dans la.première quinzaine de Novembre, comme celle des reines de mes autres ruches.— Je désirois beaucoup de savoir ce qu'elles deviendroient au printems suivant; si elles recommenceraient leur ponte, si une nouvelle fécondation leur seroit nécessaire, et dans le cas où elles pondroient, de quelle sorte seroient leurs œufs; mais comme leurs ruches étoient déjà fort affoiblies, je craignois qu'elles ne périssent pendant l'hiver. Cependant, par bonheur, nous parvînmes à les conserver, et dès le mois d'Avril 1790 nous vîmes ces reines recommencer leur ponte: par les precautions que nous avions prises, nous étions très-surs qu'elles n'avoient pas recu de nouveau les approches du mâle: ces derniers œufs étoient encore des œufs de faux-bourdons

Il eût été très-intéressant de suivre plus loin l'histoire de ces deux femelles, mais à mon grand regret leurs ouvrières les abandonnèrent le 4 Mai; et ce même jour nous trouvâmes les reines mortes. Il n'y avoit cependant aucune teigne dans les gâteaux qui eût pu déranger les abeilles, et le miel ctoit encore assez abondant; mais comme dans le cours de l'année précédente il n'y étoit né aucune ouvrière, que d'ailleurs l'hiver en avoit fait périr plusieurs, elles se trouvèrent en trop petit nombre au printems pouf vaquer à leurs travaux ordinaires, et dans leur découragement eUe *Tome 1.* 8 ..

desertèrent leur habitation pour se jeter dans les ruches voisines.

Je trouve dans mon journal le détail d'une multitude d'expëiiences sur le retard de la Fecondation des reines abeilles: je nie finirois point si je les transcrivois toutes ici: je répète encore qu'il n'y a pas eu la plus petite variation dans le résultat principal, et que toutes les fois que l'accouplernent de ces reines à été différé au-delà du vingt-unième jour, elles n'ont pondu que des ceufs de mâles. Je me bornerai doric, Monsieur, à vous rendre compte de celles de mes expériences qui m'ont valu la connoissance de quelque fait remarquable Sont je n'ai point encore parlé.

.Le 4 Octobre 1789 il naquit une reine dans une de nies ruches: nous la plaçânieâ dans une *ruche en feuillets*. Quoique la saison fut déjà bien avancée,

il y avoit encore un grafad nombre de mâles dans les ruches. Il etoit important de savoir, si, dans ce tems de l'année, ils pourroient également opérer la fecondation, et dans le cas où elfe réVssîroit, si la ponte commencée au milieu de l'atrtomne seroit in» terrompue ou continuée pendant l'hiver. Nous laissâmes donc à cette reine la libellé de sortir de la ruche. Elle s'echappa effectivement; mais elle fit vingt-quatre tentatives inutiles avant de reparoître avec les signes de la fecondation. Enfin le 31 Octobre elle fut plus heureuse; elle sortit et revint avec les marques les plus évidentes du succès de ses amours; elle étoit âgée alors de vingt-sept jours, et par conséquent sa fécondation avoit été fort retardée. Elle auroit dû pondre quarantesix heures après, mais le tems fut froid, et elle ne pondit point; ce qui, pour le dire en passant, prouve bien que le refroidissement de la température est la principale cause qui suspend la ponte des reines en automne. J'étois fort impatient de savoir si, au retour du printems, elle seroit féconde sans avoir besoin d'un nouvel ac-, couplement. Le moyen de s'en assurer étoit simple; il suffisoit de rétrécir la porte de sa ruche, afin qu'elle ne pût point s'échapper. Je la retins donc prisonnière depuis la fia d'Octobre jusques en Mai. Au milieu de Mars nous visitâmes ses gâteaux, et nous y trouvâmes beaucoup d'œufs; mais comme ils étoient placés dans des alvéoles du plus petit diamètre, il Falloit attendre quelques jours de plus pour en juger Le 4 Avril nous examinâmes encore l'état de la ruche, et nous y trouvâmes une quantité prodigieuse de vers et de nymphes. Toutes ces nymphes et tous ces vers étoient de la sorte des faux-bourdons. La reine n'avoit pas pondu un seul œuf d'ouvrières.

Dans cette expérience, comme dans les précédentes, le retard de la fécondation avoit donc rendu la reine-abeille incapable de pondre des œufs d'ouvrières. Ce résultai est ici d'autant plus remarquable, que la ponte de cette reine avoit commencé quatre mois et demi seulement après sa fécondation. Le terme de quarante-six heures qui s'écoule à l'ordinaire entre l'accouplement de la

femelle et sa ponte n'est donc pas un terme de rigueur: l'intervalle peut être beaucoup plus long si la température devient froide. Enfin il suit de cette expérience, que lors même que le froid retardera la ponte d'une reine qui a été fécondée en automne, elle commencera à pondre au printems, sans qu'un nouvel accouplement lui devienne nécessaire..

J'ajouterai ici que la reine dont je viens de tracer l'histoire étoit d'une étonnante fécondité. Le i." de Mai nous trouvâmes dans sa ruche, outre six cents mâles sous la forme de mouches, deux mille quatre cent trente-huit cellules qui conten-oient, ou des œufs, ou des vers, ou des nymphes de faux-bourdons. Elle avoit donc pondu en Mars et Avril plus de trois millfr œufs de mâles; c'est environ cinquante par jour. Malheureusement elle périt peu de tems après, et nous ne pûmes pas conr tinuer notre observation: je m'étois proposé de calculer le noaihre total d'œufs de mâles qu'elle auroit pondus pendant l'aunée, et de le comparer à celui des œufs de la même sorte que pondent le ïeiues dont la fécondation n'a pas été retardée. Vous savez, Monsieur, que celles-ci pondent au printems environ deux taille œufs de faux bourdons; elles en font, au mois d'Août, une seconde ponte in-oins considérable, et dans les intervalles elles pondent presqu'uniquement des ceufs d'ouvrières. Il n'en est pas ainsi des fe îprielles dont l'accouplement a été différé, elles ne pondent aucun œuf d'ouvrières; pendant quatre, cinq, six mois de suite, elles pondent sans interruption des œufs îde mâles, et en si grand nombre que je présume que dans ce court espace de tems, elles donnent naissance à plus de faux-bourdons qu'une femelle dont la fé condation n'a pas été retardée n'en fait fcaître dans le cours de deux ans: j'ai fort regretté de n'avoir pu vérifier celte Conjecture,

Je dois encore, Monsieur, vous rendre Compte cle la manière assez remarquable «Sont les reines qai ne pondent que des tfcùfs de mâles déposent quelquefois ces teufs dans les cellules. Elles ne les placent pas toujours sur les losanges, «jui servent de fond aux alveoles, mais elles les déposent souvent sur leur pan inférieur. et à deux lignes de l'ouverture. La raison en est que leur ventre est plus court que celui des reines dont la fécondation n'a point été retardée, leur extrémité postérieure reste effilée, tandis que leç deux premiers anneaux qui tiennent au, corselet sont extraordinairement renflés: il résulte de cette forme, que lorsqu'elles se disposent à pondre, leur anus ne peut pas s'étendre jusques aux losanges du, fond des cellules: l'enflure des anneaux ' antérieurs du ventre ne le permet pas j et conséquemment les œufs doivent rester fixés là où l'anus peut atteindre. Les larves qui en proviennent passent tout le tems qu'elles sont sous cette forme à la même place où étoit l'oeuf dont elles sortent, ce qui prouve que les abeilles ne sont point comme on l'avoit présumé, chargées du soin de transporter les œufs de la reine. Mais elles emploient, dans le cas dont il s'agit ici, un autre procédé; elles allongent hors du plan du gâteau les cellules où elles voient des œufs places k deux lignes de distance de l'ouverture (»

Permettez-moi, Monsieur, de m'écarter un moment de mon sujet, pour vous ra-» conter une expérience dont le résultat jn'a paru intéressant. Je dis que les abeilles ne sont point chargées du soin de transporter dans des cellules convenables les ceufs que leur reine a mal placés; et a n'en juger que par le seul fait que je rapporte ici, vous me trou vere? sans doute bien fondé à leur refuser cette industrie. Cependant, comme plu sieurs auteurs ont assuré le contraire, et. Ont voulu nous faire admirer les ouvrières, dans le transport des oeufs, je dois vous prouver d'une manière évidente qu'ils se sont trompés.

3'ai fait construire une ruche vitrée à deux étages; j'ai rempli l'étage supérieur de r.ayoas à grandes cellules, el () Cette observation nous apprend encore que Jeu eeufs des abeilles n'ont point besoin, pour donner leur fvvU j d'être focs pa ya (le l,eur% feouts près dw fo.n4 l'étage inférieur de gâteaux composes de cellules communes. Ces deux etages étoient séparés l'un de l'autre par une espèce de traverse ou de diaphragme, qui laissoit de chacun de ses côtés un espace suffisant pour le libre passage des ouvrières d'un étage à l'autre, mais trop étroit pour que la reine pût s'y glisser. J'ai peuplé celte ruche d'un bon nombre d'abeilles, et j'ai enfermé dans la partie supérieure une femelle très-féconde, qui avoit achevé depuis peu de tems sa grande ponte d'œufs de mâles. Cette femelle n'avoit donc plus que des-œufs d'ouvrières à pondre, et elle ne pouvoit les déposer que dans de grandes cellules, puisqu'il n'y en avoit point d'une autre sorte autour d'elle. Vous devinez, Monsieur, le but que je me proposais en disposant les choses de cette manière. Mon raisonnement étoit bien simple. Si la reine pond des œufs d'ouvrières dans les grandes cellules, et que les abeilles soient chargées du soin de transporter les œufs mal placés, elles ne manqueront C pas de profiter de la liberté que je leur ai donnée de passer d'un des étages de leur ruche à l'autre, elles iront chercher les oeufs déposés dans les grands alvéoles, et les porteront dans l'étage inférieur où sont les petites cellules qui leur conviennent. Si au contraire elles laissent les oeufs d'ouvrières dans les grands alvéoles, j'aurai acquis la preuve certaine qu'elles ne sont point chargées du soin de les transporter.

Le résultat de cette expérience excitoit vivement ma curiosité. Nous observâmes plusieurs jours de suite la reine de notre ruche et ses abeilles avec' une attention soutenue. Pendant les vingt-quatre premières heures, la femelle sobstina à ne pas pondre un seul œuf dans les grandes cellules qui l'entouroient j elle les examinait l'une après l'autre, mais passoifr outre, et n'insinua son ventre dans aucune: on la voyoît inquiète, tourmentéej elle parcouroit ses gâteaux en tout sens j la sensation de ses œufs paroissoit lui être très-incommode, mais, elle persistok à les retenir, plutôt que de les déposer dans des cellules dont le diamètre ne leur couvenoit pas. Ses abeilles ne cessoient point cependant de lui rendre des hommages et de la traiter en mère. Je vis même avec plaisir, que lorsque la reine «'approchait des bords de la traverse qui séparait les deux étages, elle les mordoit pour chercher à aggrandir le passage; ses ouvrières s'approchoient d'elle, travailloient aussi de leurs dents, et faisoient tous leurs efforts pour détruire les portes de la prison; mais leur peine fut inutile. *Lie* second jour la reine ne pouvoit plus retenir ses œufs, ils lui échappoient comme malgré elle; elle les laissoit tomber au hasard. Nous en trouvâmes cependant huit ou dix dans les cellules: mais le lendemain ils étoient disparus. Nous imaginâmes alors que les abeilles les avoient transportés dans les petits alvéoles de l'étage inférieur, et nous les y cherchâmes avec le plus grand soin.; mais je puis vous assurer qu'il n'y en avoit.pas un «eul. Le troisième jour *h* reine pondit encore quelques œufs, qui disparurent comme les premiers. Nous les cherchâmes de nouveau dans les petites cellules, ils n'y étoient point. Le fait est que les ouvrières les mangent, et voila ce qui a trompe les observateurs, qui pretendent qu'elles les transportent. Ils ont vu disparoître les œufs des cellules où ils étoient mal placés, et sans autre examen ils ont assuré que les abeilles les portent ailleurs: elles les prennent bien à la vérité, mais elles ne les transportent pas; elles les mangent.

La nature n'a donc point chargé les abeilles du soin de placer les œufs dans des cellules qui leur soient appropriées; mais elle a donné aux femelles elles-mêmes assez d'instinct pour sentir de quelle sorte est l'œuf qu'elles vont pondre, et pour le placer dans une cellule qui lui convienne. M. de Réaunaur l'avoit déjà observé, et à cet égard mes observations s'accordent avec les siennes. Il est donc certain que dans l'état naturel,, lorsque la fécondation s'est faite à tecas lorsque la reine n'a souffert par aucune circonstance, elle ne se trompe point dans le choix des diverses sortes de cellules où elle doit déposer ses œufs: elle ne manque point à pondre ceux d'ouvrières dans les petits alveoles, et ceux de mâles dans les grandes cellules. — Vous voyez, Monsieur, que je parle ici de ce qui se passe dans l'état naturel. — Cette distinction est importante: car on ne retrouve plus la même sûreté d'instinct dans la conduite des femelles dont l'accouplement a été trop différé: cellçs-ci ne choisissent pas les cellules où elles doivent pondre leurs œufs. Cela est si vrai, que dans les premiers tems où j'observai les reines dont la fécondation est retardée, je me trompai plus d'une fois sur la sorte des œufs qu'elles pondoient: je les voyois pondre iûdistinc-r tement dans les petites cellules et dans les cellules de faux-bourdons, et ne devinant point que leur instinct eût souffert, je croyois que les œufs pondus dans les petites cellules étoient des œufs d'oùTrières: Je fus donc très-surpris quand, au moment où les vers qui en étoient éclos devoient subir leur métamorphose en nymphes, je vis les abeilles fermer leurs cellules avec des couvercles bombés, exaclement semblables à ceux qu'elles pla cent sur les cellules qui contiennent des Vers de mâles, et m'apprendre d'avance que tous ces vers devoient se transformer en faux-bourdons: ils etoient en effet des mâles; ceux qui étoient nés dans les petites cellules furent des mâles de la petite taille; ceux qui avoient été élevés dans les grandes cellules devinrent des grands faux-bourdons. — J'avertis donc les observateurs qui voudront répétée mes expériences sur les reines qui ne pondent que des œufs de mâles, de ne pas se laisser induire en erreur par cette circonstance, et de s'attendre à voir ces reines déposer des œufs de faux-bourdons dans des cellules d'ouvrières.

Il y a plus, et ceci est une observation vraiment curieuse: ces mêmes femelles, dont la fécondation a été différée, pondent quelquefois des œufs de fauxbourdons dans des cellules royales. Lorsque je donnerai l'histoire des essaims, je ferai voir que dans l'état naturel, au moment où les reines commencent leur grande ponte de mâles, les ouvrières construisent un assez grand nombre de cellules royales: il y a sans doute un rapport secret entre l'apparition des oeufs de faux-bourdons et la construction de ces cellules: c'est une loi de la nature à laquelle les abeilles ne dérogent point. Il n'est donc pas surprenant qu'elles construisent des cellules de cette sorte, dans les ruches gouvernées par des reines qui ne pondent que des œufs de faux-bourdons. Il n'est pas non plus fort singulier que ces reines deposent dans des cellules royales les oeufs de la seule sorte qu'elles puissent pondre, car en général leur instinct paroît altéré. ÎMais ce que je ne conçois pas, c'est que les abeilles soignent les œufs dé mâles déposés dans ces cellules, comme ceux qui doivent devenir reines; elles leur donnent une nourriture plus aboundante, elles élèvent ensuite et prolongent ces cellules comme elles le font lorsqu'elles contiennent un ver royal; elles y travaillent, en un mot, avec une telle regularité, que souvent nous y avons été trompés nous-mêmes. Nous avons ouvert plus d'une fois de ces cellules, après que les abeilles leur avoient ajusté le couvercle qui doit les fermer, dans la persuasioa d'y trouver des nymphes royales, et cependant c'étoit toujours une nymphe de taux-bourdon qui y étoit logée. — Ici l'instinct des ouvrières paroît en défaut.—, Dans l'état naturel, elles distinguent parfaitement les vers de mâles de ceux des abeilles communes, puisqu'elles ne manquent jamais de donner aux cellules où sont ces vers de mâles, un couvercle particulier. Pourquoi donc ne distinguent elles plus les vers de faux-bourdons, lorsqu'ils se trouvent placés dans des cellules royales? Ce fait me paroît mériter bfaucoup d'attention. Je suis convaincu que pour pénétrer les lois de l'instinct des animaux, il faut observer avec soin les cas où cet instinct paroît.s'egarer ().

J'aurois dû, peut-être, Monsieur, en, commençant cette lettre, donner un précis des observations quc d'autres naturalistes ont faites avant moi, sur les reines qui ne pondoient que des œufs de mâles; mais je reparerai ici cette omission. — Dans un ouvrage intitulé, *Histoire de la reine des abeilles,* traduit de l'allemand par *Blassière,* on a imprimé une lettre que vous écrivît M. *Schirach* en dale du i5 Avril 1771, où il parle de quelques-unes de ses ruches dont tout le couvain se transformoit en faux-bourdons. Vous vous souvenez, Monsieur, qu'il attribuoit cet accident à quelque vice inconnu des ovaires de la reine régnante dans les ruches où il ne naissoit que des mâles j mais il étoit loin de soupçonner que le retard de la fécondation eût produit ce vice des ovaires. Il se félicitoit avec raison d'avoir découvert un moyen d'era () Voyez la note (t) de la douzième lettre. *Tome I.* 9 pécher le dépérissement des ruches qui se trouvent dans ce cas: et ce moyen étoit fort simple, il suffisoit d'enlever la reine qui ne pond que des œufs de faux-bourdons, et de lui en substituer une dont les ovaires ne fussent pas viciés. Mais pou? faire cette substitution, il falloit pouvoir se procurer des reines-abeilles à volonté, et la découverte de ce secret étoit réservée à M. Schirach: j'en parlerai dans la lettre suivante. Vous voyez par ce détail que toutes les expériences du naturaliste allemand avoient eu pour objet de sauver les ruches dont les reines ne pondent que des œufs de mâles, et qu'il n'avoit pas travaillé à découvrir la cause du vice qui se manifeste dans leurs ovaires. M. deRéaumur dit aussi un mot, quelque part, d'une ruche dans laquelle il avoit trouvé beaucoup plus de faux-bourdons que d'abeilles ouvrières, mais il ne se livre à aucune conjecture sur ce fait; il ajoute seulement, comme une circonstance remarquable, que les mâles furent tolérés dans cette ruche jusqu'au printem's de l'annee suivante. Il est vrai que les abeilles gouvernées par une reine qui ne pond que des oeufs de mâles, ou par une reine vierge - gardent leurs faUx-bourdons plusieurs mois après qu'ils ont été massacrés dans les autres ruches. Je ne saurois pas en indiquer la raison, mais c'est uri faiï que j'ai revu bien des Fois pendant la longue suite d'observations que j'aVdis entreprise sur les reines dont la fécondation, à été retardée. En général il m'a parti qu'aussi long-tems que la reine d'une ruche pond des œufs de mâles, ses abeilles ne massacrent point les fauxbourdons qui existent dans cette même ruche sous la forme de mouches.
.,

Agréez, Monsieur le témoignage de mon respect.

QUATRIÈME LETTRE *Sur la découverte de M.. Schirach.*

Pregny, a4 Août 1791.

Monsieur,

Jljorsque vous avez ete appelé dans la nouvelle édition de vos œuvres, à rendre compte des belles expériences de M. *Schirach* sur la conversion des vers *d'abeilles communes* en vers *royaux*, vous avez invité les naturalistes à les répéter. En effet, une découverte aussi importante demandoit à être confirmée par plusieurs témoins. Je m'empresse donc de vous apprendre que toutes mes recherches établissent la réalité de cette découverte. Depuis près de dix ans que je travaille sur les abeilles, j'ai répété l'expérience de M. *Schirach* tant de fois, avec un, succès si soutenu, que je ne puis pas élever le moindre doute. Je regarde donc comme un fait certain, que lorsque les abeilles perdent leur reine, et qu'elles conservent dans leur ruche des vers d'ouvrières, elles agrandissent plusieurs des cellules dans lesquelles ils sont logés, qu'elles leur donnent non-seulement une nourriture différente, mais en plus forte dose, et que les vers élevés de cette manière, au lieu de se convertir en *abeilles communes* deviennent de véritables *Reines* Je supplie mes lecteurs de méditer l'explication que vous avez donnée d'un fait aussi nouveau, et les conséquences philosophiques que vous en avez tirées. *Contempl. de la. Nat. Part. XI, chap. XXTIL*

Je me bornerai dans cette lettre à vous raconter quelques détails sur la forme des cellules royales que les abeilles construisent autour des vers qu'elles-destinent à l'état royal. Je finirai par la discussion de quelques points sur lesquels mes observations différent de celles de M. Schirach.

Lorsque les abeilles ont perdu îeur reine, elles s'en apercoivent très-vîte,, et au bout de quelques heures elles en» reprennent les travaux nécessaires pour réparer leur perte.

D'abord „ elles choisissent les jeunes Vert d'ouvrières auxquels elles doivent donner les soins propres à les convertir *$n* réines, et dès ce premier moment elles oomnjencent a agrandir les cellules DÛ jls sont logés, Le procède qu'elles frtiploient est curieux, Pour le faire $ni«ux comprendre, je décrirai leur traT&jl sur une seule de ces cellules: ce que fea dirai doit s'appliquer à toutes celles Juj çOntiennent les vers qu'elles appellent HU trône, Après avoir choisi un ver d'où elles sacrifient trois $e& alvéoles S à celui où il est placé; elles er les vers et la bouillie, et élèvent autour de lui u,.ûe cloison cylindrique j ga, peUul0 devient (Jonc un vrai tube, a. ùnd Thonlboïdal, car elles ne touchent Jo,im aux pièces de ce fond; si elle l'en-. dpTOm,agep,ient, jl faudrait qu'elles mis-= àj'jour les trois cellules correspon es çle la face opposée du gâteatf, e vers qui les habitent, sacrifice qui n'étoit pas nécessaire et que la nature n'a pas permis. Elles laissent donc le fond ihoraboïdal, et se contentent d'elever autour du ver un vrai tube cylindrique, qui se trouve, ainsi que les autres cellules du gâteau, place horizontalement. Mais cette habitation ne peut convenir au ver appelé à l'etat de reine que pendant les trois premiers jours de sa vie; il faut qu'il vive les deux autres jours, pendant lesquels il conserve encore la forme de ver, dans une autre situation: pour ces deux jours, portion si courte de la durée de son existence, il doit habiter une cellule de forme à peu près pyramidale, dont la base soit en enhaut et la pointe en embas On diroit que les ouvrières le savent car dès que le ver a achevé son troisième jour, elles préparent le local que doit occuper son nouveau logement, elles rongent quelques-unes des cellules placées au-dessous du tube cylindrique, sacrifient sans pitié les vers qui y sont conteauset se servent de la cire quelle& Tiennent de ronger pour construire un nouveau tube de forme pyramidale, qu'elles Soudent à angle droit sur le premier, et qu'elles dirigent en embas: le diamètre de cette pyramide diminue insensiblement depuis sa base, qui est assez evasée, jusques à la pointe. Pendant les deux jours que le ver l'habite, il y a toujours une abeille qui tient sa tête plus ou moins avancee dans la cellule: quand une ouvrière la quitte, il en vient une autre prendre sa place. Elles y travaillent à prolonger la cellule à mesure que le ver grandit, et elles lui apportent sa nourriture; qu'elles placent devant sa bouche, et autour de son corps: elles en font une espèce de cordon autour de lui. Le ver» qui ne peut se mouvoir 'qu'en spirale tourne sans cesse pour saisir la bouillie placée devant sa tête; il descend insensiblement, et arrive enfin tout près de l'orifice de sa cellule: c'est à cette époque qu'il doit se transformer en nymphe. Les soins des abeilles ne lui sont plus nécessaires: elles ferment son berceau d'une clôture qui lui est appropriee, et il y subit au tenis marqué ses deux metamorphoses.

M. Schirach prétend que les abeilles ne choisissent jamais que des vers de *trois jours* pour leur donner *l'éducation royale:* je me suis assuré, au contraire, que l'opération réussit également sur des vers âgés de *deux jours* seulement. Permettez-moi de vous raconter tout au long la preuve que j'en ai acquise relie démontrera en même tems la réalité de la conversion des vers d'ouvrières en reines, et le peu d'influence qu'a l'âge des vers sur le succès de l'opération.

Je fis placer dans une ruche privée de reine quelques parcelles de gâteaux dont les cellules renfermoient des œufs d'ouvrières, et des vers de la même espèce déjà éclos. Le même joui les abeilles agrandirent quelques-unes des cellules a vers; elles les convertirent en cellules royales, et donnèrent aux vers qui«y étoient contenus, un épais lit de gelée. — Je'fis enlever alors cinq cles ers placés dans ces cellules, et Burnens leur substitua cinq vers d'ouvrières que nous avions vu sortir de l'ceuf quarante-huit heures auparavant. Nos abeillesneparurent point s'apercevoir de cet echange: elles soignèrent les nouveaux vers comme ceux qu'elles avoient choisis elles-mêmes; elles continuèrent à agrandir les cellules, où nous les avions 'placés, et les fermèrent au tems ordinaire; elles couvèrent ensuite ces cinq cellules pendant sept jours, au bout desquels nous les emportâmes pour avoir vivantes les reines qui en devoient sortir. Deux de ces reines sortirent presqu'en jnéme tems, elles étoient de la grande taille, et parfaitement developpées à tous, égards. Les trois autres cellules ayaut passé leur terme sans qu'aucune reine en fut sortie, nous les ouvrîmes pour voir dans, quel état elles y étoient: nous trouvâmes, dans l'une, une reine morte, sous forme de nymphe: les deux autres étoient vides; leurs vers avoient filé leurs coques de soie, mais ils étoient morts avant de passer à l'état de nymphe, et u'offroient plus qu'une peau desséchée. —-Je ne puis n'eu imaginer de plus positif que cette expérience;,il est démontré que les abeilles ont le pouvoir de convertir en reines des vers d'ouvrières, puisqu'elles ont réussi à se donner des reines, en,opérant sur des vers d'ouvrières que nous leur avions choisi nous-mêmes: il est également démontré, que pour le succès de l'opération, il n'est pas nécessaire que les vers aient *trois jours*, puisque ceux que nous avions confiés à nos abeilles étaient âgés de *deux jours* seulement.

Ce n'est pas tout; les abeilles peuvent convertir en reines des vers d'ouvrières beaucoup plus jeunes encore. L'expérience suivante m'a appris que lorsqu'elles ont perdu leur reine, elles destinent à la remplacer des vers âgés de *quelques heures* seulement. Je possédois une ruche qui, étant privée de femelle, n'avoit depuis long-tems aucun ceuf, ni aucun ver: jeui fis donner une reine de la plus grande fécondité; elle ne tarda pas à pondre dans les cellules, d'ouvrières, Je laissai cette femelle dans la ruche, un peu moins de trois jours, et je la fis enlever, avant qu'aucun des oeufs qu'elle avoit pondus fut éclos: le lendemain, c'est-à-dire le quatrième jour, Burnens compta cinquante petits vers, dont les plus âgés avoient à peine vingt-quatre heures. Cependant, dès cette époque, plusieurs de ces vers étoient déja destinés à devenir reines-; la preuve en est que les abeilles avoient mis autour d'eux une provision de gelée beaucoup plus grande que celle qu'elles donnent aux vers ordinaires. Le jour suivant les vers avoient près de quarante heures; les abeilles avoient agrandi leur» berceaux; elles avoient converti leurs cellules hexagones en cellules cylindriques de la plus grande capacité; elles y travaillèrent encore les jours suivans, et les fermèrent le cinquième jour, a dater de la naissance des vers. Sept jours après lai clôture de la première de ces cellules royales, nous en vîmes sortir une reine de la plus grande taille. Cette reine coinmença d'abord à se jeter sur les autres cellules royales, et elle chercha à y détruire les vers ou les nymphes qui y étoient renfermées. Je raconterai dans une autre lettre les effets de sa fureur.

Vous voyez, Monsieur, par ces details, que M. Schirach n'avoit point encore assez varié ses expériences, lorsqu'il a affirmé que, pour se convertir en reines, il falloit que les vers d'ouvrières fussent âgés de *trois jours*. Il est certain que l'opération aie même succès, nonseulement sur les vers de *deux jours,* mais encore sur ceux qui ne sont âgés que de quelques heures.

Après avoir fait, pour vérifier la découverte de *M. Schirach* , les recherches dont je viens de rendre compte, j'ai voulu savoir si, comme le prétend cet observateur, le seul moyen qu'aient les abeilles de se procurer une reine, soit de donner une certaine nourriture aux vers d'ouvrières, et de les élever dans des cellules plus grandes. Vous n'avez point oublié que M. *de Réaumur* avoit là dessus des idées bien différentes. « La » mère, dit-il doit pondre, et pond » des œufs, d'où doivent sortir des » mouches propres à être mères à leur » tour. Elle le fait, et nous allons voir » que les travailleuses savent qu'elle le » doit faire. Les abeilles, à qui les » mères sont si chères, paroissent s'inté » resser beaucoup pour les œufs qui en » doivent donner, et tes regarder comme H bien importans: elles construisent des » alveoles particuliers où ils doivent » être deposes, etc. etc. — Quand une î) cellule royale n'est encore que com» mencee, elle a assez; la forme d'uri » gobelet, ou, plus précisément, celle » d'un de ces calices destinés à contenir » un gland, et dont le gland est sorti » etc. etc.»:

M. *de Réaumur* ne soupconnoit pas la possibilité de la conversion d'un ver d'ouvrière eu reine, mais il pensoit que la mère abeille pondoit dans les cellules royales des œufs d'une sorte particulière, tl'où sortoient des vers qui devoient devenir reines à leur tour. Au contraire *t* suivant M. Schirach, les abeilles ayant toujours la possibilité de se procurer une reine, en donnant une certaine éducation à des vers d'ouvrières âgés de trois jours, il eût été inutile que la nature accordât encore aux femelles la faculté de pondre des *œufs royaux;* une telle prodigalité de moyens ne lui paroissoit pas conforme aux lois ordinaires de la nature: il affirme donc en propres termes que la mère abeille ne pond point des *œufs royaux* dans des cellules préparées pour cette fin: il ne regarde les cellules royales que comme des cellules ordinaires élargies par les abeilles, au moment où elles destinent le ver qui y est renfermé à devenir une reine; et il ajoute qu'en tout état de cause, la cellule royale seroil trop longue pour que la mère, en y introduisant son ventre, put en toucher le fond et y déposer un œuf.

M. *de Réaiimur* ne dit nulle part, J'en conviens, que Ja reine ait pondu, sous ses yeux, dans une cellule royale cependant, il n'avoit aucun doute sur ce fait, et d'après toutes mes observations, je vois qu'il a voit devine fort juste. Il est parfaitement sûr, qu'en certain tems de l'année, les abeilles préparent des cellules royales, que les femelles y déposent leurs œufs, et que de ces œufs il sort des vers qui deviennent des reines. L'objection que fait M. Schirach sur la longueur des cellules royales ne prouve rien: la reine n'attend point, pour y pondre, qu'elles soient achevées; elle y dépose ses œufs, lorsqu'elles ne sont encore qu'ébauchées, et qu'elles ont la forme du calice d'un gland. Ce naturaliste, ébloui par l'éclat de sa découverte, n'a pas vu la vérité toute entière; il a aperçu le premier la ressource que la nature a accordée aux abeilles, pour réparer la perte de leur reine, et il s'est persuadé trop vite qu'elle n'avoit pourvu, par aucun autre moyen, à la naissance des femelles. Son erreur provient de ce qu'il n'a pas observé ces mouches dans des ruches assez plattes. S'il s'étoit servi de ruches comme les miennes, il auroit trouve dans toutes celles qu'il auroit ouvertes au printems, la confirmation de l'opinion de M. *de Réaumur.*— Dans cette saison, qui est celle des essaims, les ruches en bon état sont gouvernées par une reine fe'conde. On y trpuve descellules royales, d'une forme assez diffe'rente de celles que les abeilles construisent autour des vers d'ouvrières, qu'elles destinent à devenir reines. Ce sont de grandes cellules, attachées au bord des gâteaux par un pédicule» et appendues verticalement, en manière de stalactites; telles en un mot que M. de Réaumur les a décrites. Les femelles n'attendent pas pour y pondre qu'elles aient toute leur longueur; nous en avons surpris quelques-unes au moment où elles y déposoient un œuf; la cellule n'avoit alors que la grandeur et la forme du calice d'un, gland: les ouvrières ne les allongent jamais qu'après que l'œuf y a été pondu: elles les agrandissent à mesure que le ver *Tome. L* 10 f ,prend son accroissement, et les ferment, lorsqu'il va se transformer en nymphe royale. — Il est donc vrai qu'au printems la reine abeille dépose dans des cellules royales, préparées d'avance, des œufs d'où doivent sortir des mouches de sa sorte. La nature a donc pourvu par un double moyen à la multiplication et à la conservation de l'espèce chez les abeilles. J'ai l'honneur d'être, etc.

CINQUIÈME LETTRE.

Expériences qui prouvent quil y a quelquefois dans les ruches , dct abeilles ouvrières qui pondent de œufs féconds,.

Aja singulière decouverte de M. *Riem* sur l'existence des *abeilles ouvrières fécondes* vous a paru bien douteuse ()j vous avez soupçonné que les œufs, dont cet observateur attribuait la ponte a de» *ouvrières* , avoient été réellement pondu» par de *petites reines* , que leur taille fait confondre aisément avec les abeilles communes. Cependant vous n'avez pa$ prononcé d'une manière décisive, que M. *Riem* se fût trompé: et dans la () Vovea Comempl. de la Stat. mmv. édit. in- lettre que vous m'avez fait l'honneur de m'écrire, vous m'avez invité à chercher, par des expériences nouvelles, s'il y a effectivement dans les ruches des abeilles *ouvrières* capables de pondre des œuf» féconds. J'ai fait, Monsieur, ces expériences avec beaucoup de soin; vous jugerez du degré de confiance qu'elles méritent.

Le 5 Août 1788, nous trouvâmes des œufs et des vers de mâles clans deux de mes ruches, qui étoient l'une et l'autre privées de reines depuis quelque tems. Nous y vîmes aussi les premiers commencemens de quelques cellules royales, appendues en manière de stalactites sur les bords des gâteaux. Dans ces cellules, il y avoit des œufs de mâles. Comme j'étois parfaitement sûr qu'il n'y avoit point de reine de la *grande* taille parmi les abeilles de ces deux ruches, il étoit clair que les œufs qui s'y trouvoient, et dont le nombre augmeutoit tous les jours, avoient été pondus, ou par des reines de la *petite* taille, ou par des *ouvrières* fecondes. J'avois lieu de croire que c'étoient effectivement des abeilles communes qui les pondoient; car nous avions aperçu souvent des mouches de cette dernière sorte, qui introduisoient leur partie posterieure dans les cellules, et qui y prenoient la même attitude que prend la reine lorsqu'elle va pondre. Mais malgré tous nos efforts, nous n'avions pu en saisir aucune dans cette circonstance,. pour l'examiner de plus près; et nous ne voulions rien affirmer jusqu'à ce que nous eussions tenu entre nos doigts les abeilles qui avoient pondu. — Nous continuâmes donc nos observations avec la même assiduite, espérant que, par un hasard heureux, ou dans un moment d'adresse nous parviendrions à saisir une de ces abeilles. Pendant plus d'un mois toutes nos tentatives échouèrent.

Burnens m'offrit alors de faire sur ces deux ruches une opération qui exigeoit tant de courage et de patience, que je n'avois pas osé lui en parler, quoique j'en, aussi conçu le plan moi-même. Il me proposa (examiner separement tontes les abeilles qui iu ploient ces ruches, pour savoir s'il ne s'étoit point glissé parmi elles quelque *petite reine* qui eût echappé à nos premières recherches. Celle expérience étoit bien importante; car si nous ne trouvions point de *petites reines*, Dous acquérions alors la preuve démonstrative que les œufs dont nous cherchions l'origine avoient été pondus par de sim pies *ouvrières*.

Pour faire avec toute l'exactitude pos sible une opération de cette nature, il pe falloit pas se contenter de baigner les abeilles. Vous savez, Monsieur, que le contact de l'eau resserre leurs parties exté- rieures, qu'il altère jusques à un certain point la forme de leurs organes; et comme îeg petites reines ressemblent beaucoup aux ouvrières, la plus légère altération dans les formes n'auroit plus permis de distinguer, avec assez de précision, à quelle sorte appartenoit chacune des mouches qu'on auroit baignées. Il falloit pvemJre une à qqe, dans les ruches, toutes les abeilles, les saisir vivantes maigre leur colère, et observer avec le plus grand soin leurs caractères spécifiques. C'est ce que Burnens entreprit et exécuta avec une adresse inconcevable. Il employa onze jours à cette opération, et pendant tout le lems qu'elle dura il se permit à peine d'autre distraction que celle qu'exigeoit le repos de ses yeux. Il tint entre ses doigts chacune des mouches qui composoient ces deux ru» ches, 1 examina attentivement leur trompe, leurs jambes postérieures, leur aiguillon; il n'en trouva pas une seule, qui n'eût les caractères *d'abeille com- rnune*, c'est-à-dire, la petite corbeille? sur les jambes postérieures, la trompé longue et l'aiguillon droit. Il avoit préparé d'avance des boîtes vitrées où étoient placés quelques gâteaux: c'est dans ces boîtes qu'il mettoit chaque abeille, après l'avoir examinée: je n'ai pas besoin d'avertir qu'il les y retint prisonnières j celte deruière précaution étoit indispensable,, car Pexpe'rience n'étoit pas finie encore; il ne suffisoit pas d'avoir constaté que toutes ces mouches étoient, de la sorte des abeilles ouvrières, il falloit continuer à les observer, et voir si quelqu'une d'entr'elles pondroit des œufs. Nous examinâmes donc, pendant plusieurs jours, les cellules des gâteaux que nous avions donnés à ces mouches, et lions ne tardâmes pas à y apercevoir des œufs nouvellement pondus, d'où sortirent au tems ordinaire des vers de faux-bourdons.

Burnens avoit tenu entre ses doigts les abeilles qui les pondirent; et comme il étoit parfaitement sûr de n'avoir tenu que des abeilles *communes*, il est déTnontré qu'il y a quelquefois dans les ruches des abeilles *ouvrières fécondes*.

Après avoir vérifié la découverte de M. *JR-iem,* par une expérience aussi décisive, nous replaçâmes dans des ruches vîtrées, fort minces, toutes les abeilles que nous avions examinées: ces ruches, qui n'avoient que dix-huit lignes d'épaisseur, ne pouvoient contenir qu'un seul rang de gâteaux; elles étoient ainsi trèsfavorables à l'observation. Nous ne doutâmes plus qu'en persistant à veiller nos abeilles, nous ne parvinssions à surprendre, au moment de sa ponte, l'une de celles qui étoient fécondes, et à la saisir. Nous voulions la disséquer, comparer l'état de ses ovaires à l'ovaire des reihes, et reconnoître les differences. Nous eûmes enfin, le 8 Septembre, le bonheur d'y réussir.

Nous aperçûmes dans une cellule une abeille qui y avoit pris l'attitude d'une femelle qui pond; nous ne lui laissâmes pas le tems d'en sortir: nous ouvrîmes promptement la ruche, et nous saisîmes cette abeille: elle avoit tous les caractères extérieurs des abeilles communes j la seule différence que nous pûmes reconnoître, et elle étoit bien légère, c'est que son ventre nous parut moins gros et plus effilé que celui des *ouvrières*. Nous la disséquâmes ensuite, et nous trouvâmes ses ovaires plus petits, plus fragiles, composés d'un moindre nombre *d'oviducfus* que les ovaires des reines; les filets qui contenoient les oeufs étoient extrêmement fins, et présentoient de légers renflemens placés a d'égales distances. Nous comptâmes onze œufs de grosseur sensible, dont quelques-uns nous parurent prêts à être pondus. Cet ovaire étoit double comme celui des reines.

Le 9 Septembre nous saisîmes «ne autre abeille féconde, au moment où elie venoit de pondre, et nous la disséquâmesSon ovaire étoit encore moins développé que celui de l'abeille dont il s'est agi dans l'article précédent; nous n'y comptâmes que quatre œufs qui fussent au terme de maturité. Burnens tira un de ces œufs de *Voviductus* qui le renferjnoit, et réussit à le faire tenir par un de ses bouts sur une lame de verre: ce qui sembleroit indiquer, pour le dire ea passant, que c'est dans les *oviductus* mêmes que les œufs sont enduits de la liqueur visqueuse aveclaquelleils viennent au jour, et non dans leur trajet au-dessous du sac *sphérique*, comme le croyoit *Swainmrrdarti,*

Pendant le reste de ce mois, nous trouvâmes encore, dans les ménifs ruches, dix abeilles fécondas dont nous limes également la dissection. Nous distinguâmes aisement les ovaires de la plupart de ces mouches; il y en eût cependant quelquesunes dans lesquelles nous n'en vîmes aucune trace: les *oviductus* de ces dernières n'étoient, suivant'toute apparence, développés qu'imparfaitement; et pour les reconnoitre, il adroit fallu plus d'adresse que nous n'avions pu en acquerir encore dans la dissection.

Les *ouvrières* fecondes ne pondent jamais des œufs d'abeilles *communes*; elles ne pondent que des *œufs de mdleti,* M *Jtiem* avoit déjà observe ce fait singulier, et à cet égard toutes mes observations confirment les siennes. J'ajouterai seulement à ce qu'il en dit, que les *ouvrières fécondes* ne sont point absolument indifférentes sur le choix des cellules où/ elles ck'po.sen.1 leurs oeufs. Elles préferut toujours de les pondre dans les grandes cellules, et ne les placent dans les petits alvéoles que lorsqu'elles n'en trouvent point d'un plus grand diamètre; mais elles ont ce rapport avec les reines dont la fécondation a eté retardée, qu'elles pondent aussi quelquefois leurs œufs dans les cellules royales.

En parlant dans la lettre troisième de ces femelles qui ne pondent que des œufs de faux-bourdons, j'ai témoigné ma surprise des soins que les abeilles rendent à ceux qu'elles déposent dans les cellules royales, de l'assiduité avec laquelle elles nourrissent les vers qui en proviennent, et de la clôture sous laquelle elles les enferment lorsqu'ils sont près de leur terme; mais je ne sais pourquoi j'ai oublié de vous dire, Monsieur, que les ouvrières, après avoir fermé ces cellules royales, les guillochent et les couvent jusqu'à la der- nière transformation des mâles qu'elles contiennent.

Les ouvrières traitent bien différemment les cellules royales dans lesquelles les abeilles fécondes pondent des œufs de faux-bourdons; elles commencent a la verité par donner tous leurs soins à ces œufs, et aux vers qui en éclosent; elles ferment ces cellules au tems convenable; mais jamais elles ne manquent a les détruire trois jours après les avoir fermées.

Après avoir heureusement achevé ces premières expériences, il restoit à découvrir la cause du développement des organes sexuels des *ouvrières* fécondes. M. *Rient* ne s'est point occupé de cet intéressant problème,et je craignis d'abord de n'avoir, pour le résoudre, d'autre guide que mes conjectures. — Cependant après y avoir bien réfléchi, je crus apercevoir dans le rapprochement des faits dont cette lettre contient le détail, une. sorte de lueur propre à éclairer la marche que je devois suivre dans cette nouvelle recherche.

Depuis les belles découvertes de M. *Schirach,* il est hors de doute que toutes les *abeilles communes* «ont originairement du sexe féminin; la nature leur a donné les germes d'un ovaire; mais elle n'a pas permis qu'il se developpât que dans le cas particulier où ces abeilles TeceVroient, sous la forme de ver, une nourriture particulière. Il faut donc examiner avant tout si nos *ouvrières fécondes* ont eu, dans l'etat de ver, cette même nourriture.

Toutes mes expériences m'ont convaincu qu'il ne naît des abeilles capables de pondre que dans les ruchs qui ont perdu leur reine. Or, lorsque les abeilles ont perdu leur mère, elles préparent unegrande quantité de *gelée royale* pour eu nourrir l'es vers qu'elles destinent à la remplacer. Si donc les ouvrières fécondes ne naissent jamais que dans ce seul cas, il est évident qu'elles ne naissent que dans les ruches dont les abeilles préparent de la *gelée royale.* C'est sur cette circonstance, Monsieur, que je portai toute'mori attention. Elle me fit soupçonner que lorsque les abeilles donnent à quelques vers *l'éducation royale* , elles laissent tomber, ou jfar accident, ou par une sorte d'instinct dont j'ignore le principe, tle petites portions de *gelée royale* dans les alvéoles voisins des cellules où sont les vers destines à l'etat de reines. Les vers d'ouvrières qui ont recu accidentellement ces petites doses d'un aliment aussi actif, doivent en ressentir plus ou moins l'influence: leurs ovaires doivent acquérir une sorte de développement; mais ce développement sera imparfait. Pourquoi? Parce que la nourriture royale n'a été administrée qu'en petites doses; et que d'ailleurs les vers dont je parle ayant vécu dans les cellules du plus petit diamètre, leurs parties n'ont pas pu s'étendre au-delà des proportions ordinaires. Les abeilles qui naîtront de ces vers auront donc la taille et tous les caractères extérieurs des simples *ouvrières*; mais elles auront de plus la faculté de pondre quelques œufs, par le seul effet de la petite portion de gelée royale qui aura été mêlée à leurs autres alimens.

Pouc juger de la justesse de cette explication, il falloit suivre, dès leur naissance, les ouvrières fécondes, chercher si les alveoles, dans lesquels elles sont elevées, se trouvent constamment dans le voisinage des cellules royales, et si la bouillie dont ces vers se nourrissent est mêlée de quelques portions de gelée royale. Malheureusement cette dernière partie de l'expérience est fort difficile à exécuter. Quand la gelée royale est pure, on la reconnoît à son goût aigrelet et relevé; mais lorsqu'elle est mêlée de quelqu'autre substance, on ne distingue plus sa saveur que d'une manière très-imparfaite. Je crus donc devoir me borner à l'examen de l'emplacement des cellules où naissent les *ouvrières fécondes*. Comme ceci est important, permettez-moi de vous décrire une de mes expériences en, détail.

En Juin 1790, je m'apercus que les abeilles d'une de mes ruches les plus minces avoient perdu leur reine depuis plusieurs jours, et qu'il ne leur restoit aucun moyen de la remplacer, parce qu'elles n'avoient point de vers d'ouvrières. Je leur fis donner alors une petite portion de gâteau dont toutes les cellules contenoienl un jeune ver de celle sorte. Dès le lendemain, les abeilles prolongèrent plusieurs de ces alvéolés en forme de cellules royales, autour des vers qu'elles destinoient à devenir reines. Elles donnèrent aussi dès soins aux vers placés dans les cellules voisines de celles-1% Quatre jours après, toutes les cellules royales qu'elles avoient construites,éioient fermées, et nous comptâmes avec plaisir dix-neuf petits alvéoles qui avoient égaf lement reçu toute leur perfection -et qui étoient fermés d'un ctu#erde preSt que plat. Dans ces derniers; étaient Us Ters qui n'avoient pas reçu:l'«4ucatioa royale; ruais comme ils avojent«. pr;hJfiuf accroissement dans le destiné à remplacer la reine,,; il tH très-intéressant pour mot d'o'br»§« ce qu'ils-.;deA6iendroient. Il'falloir,saisir/% moment où:ils prendftttçpt.-feur deré forme. Pour ne, pas 1 manquer, j'ealevai rcc.dis-hetif cellules; je'les placaj dans; Uqc bdfte.i *Tome t* tu milieu de mes abeilles; j'enlevai egalement les cellules royales; car il importoit beaucoup que les reines, qui devoient en sortir, ne vinssent pas compliquer ou cMrauger les resultats de mon expérience. —II yavoit bien ici une autre precaution à prendre: je devois craindra qu'en privant mes abeilles du fruit de leurs peines et de l'objet de leurs espérances, elles ne tombassent dans le découragement: je pris donc 1« parti de lcur donner une autre portion de gâteau qui contînt du couvain d'ouvrières, en me réservant de leur ôter impitoyablement ce nouveau couvain, quand le tems en «eroit venu. Ce moyen réussit à merteille; les mouches, en donnant leurs soins à ces derniers vers, oublièrent ceu que je leur aVois enlevé».

Quand le moment où les vers de mes dix-neuf cellules devoient subir leur dernière transformation approcha, je fis Tistter plusieurs fois, chaque jour, la boîte grillée où je les avois renfermées, et j'y trouvai enfin six abeilles exactement semblables aux *abeilles com munes*. Les ver» qui étoient dans les treize autres cellules perirent sans se métamorphoser en mouches.

J'ôtai alors de ma ruche la dernière portion de couvain que j'y avois placée pour prévenir le découragement des ou yrières j je mis à part les reines nées dan? les cellules royales, et après avoir peint d'une couleur rouge le corselet de me» six abeilles, après leur avoir amputé l'antenne droite, je les fis entrer toutes les six dans la ruche, et elles y furent bien, accueillies,...., . Vous concevez Facilement, Monsieur, quel étoit mon prpjet dans cette suite d'opérations. — Je savois qu'il n'y avoit parmi mes abeilles aucune reine de la grande ni de la petite taille: si donc, en continuant à les observer, je trouyois dans les gâteaux des œufs nouvellement pondus, combien ne 'deyenoil-il pas vrai semblable qu'ils l'auroient été par l'unô ou l'autre de mes six abeilles! Mais, pour en acquérir la parfaite certitude, il falloît les surprendre au moment d la'ponte, et afin de les reconnoître, il falloit les marquer de quelque tache ineffacable.

Cette marche eut un plein succès.— En effet, nous ne tardâmes pas à apertevoir des œufs dans la ruche; le nombre ert 'augmentait même tous les joïirs: les vers qui en provenoient etoient tous de la sorte des faux-bourdons; mais il se passa bien du tems avant que nous pussions saisir les mouches qui les portdoienl. Enfin, à force d'assiduité et de persévérance, nous aperçûmes une abeille qui introduisoit sa partie postérieure dans une cellule; nous ouvrîmes la ruche; nous saisîmes cette abeille; Uous vîmes l'œuf qu'elle venoit de déposer; et en l'examinant elle-même, nous reconnûmes à l'instant, aux restes de couleur rouge qu'elle avoit sur son corselet, et à la privation de son antenne droite, qu'elle étoit une de ces six mouches élevées sous la forme de ver dans le Voisinage des cellules royales.

Je n'eus plus de doute alors sur lar véritç de ma conjecture; je ne sais cependant, Monsieur, si la démonstration que je viens d'en donner vous paroîtra aussi rigoureuse, qu'elle me le paroît à moi-même; mais voici comment je rai,' sonne. S'il est certain que les *ouvrières, fécondes* naissent toujours dans les 'alvéoles voisins des cellules royales, il n'est pas moins sûr que ce voisinage est en luimême une circonstance assez indifferente; caria grandeur et la forme de ces cellules ne peuvent produire aucun effet sur les vers qui naissent dans les alvéoles qui Jes entourent. Il y a donc ici quelque chose de plus: or, nous savons que les abeilles portent dans les cellules royales une nourriture particulière; nous savons encore que l'influence de cette bouillie sur le germe des ovaires est très-puissante, qu'elle peut seule développer ce germe; il faut donc nécessairement supposer que les vejs placés dans les alvéoles voisins ont eu part à cette nourriture. Voilà donc ce qu'ils gagnent au voisinage des cel Iules royales j c'est que les abeilles qui Se perlent en foule vers ces dernières passent sur eux, s'y arrêtent, et laissent tomber quelque portion de la gelee qu'elles destinent aux vers royaux. Je crois ce raisonnemert conforme aux règles d'une Saine logique.

J'ai répété si souvent l'expe'rience que je viens de décrire, et j'en ai pesé toutes les circonstances avec tant de soin, que je suis parvenu à faire naître des abeilles *ouvrières fécondes* dans mes ruches, toutes les fois que je le veux. Le moyen est simple. — J'enlève la reine d'une ruche; aussitôt les abeilles travaillent à la remplacer, en agrandissant plusieurs des cellules qui contienent du couvain d'ouvrières, et en donnant aux vers qu'elles renferme la gelée royale; elles laissent aussi tomber de petites doses de cette bouillie sur les jeunes vers logés dans les cellules voisines, et cette nourriture développe jusques à un certain point leurs ovaires. Il naît donc toujours des *ouvrières fécondes* dans les ruches où les abeilles s'occupent à réparer la perte de leur reine; mais il est fort rare qu'on les y trouve, parce que les jeunes reines élevees dans les cellules royales se jettent sur elles, et les massacrent. Il faut donc pour sauver leur vie, enlever leurs ennemis; il faut emporter ces cellules royales avant que les vers qui y sont loge's aient subi leur dernière transformation. Alors les ouvrières fécondes ne trouvant plus de rivales dans la ruche au moment de leur naissance, y seront fort bien reçues *et* si on a soin de les marquer de quelque tache reconnoissable, on les verra pondre quelques jours après des œufs de mâles» Tout le secret du procédé que j'indique ici consiste donc à enlever les cellules royales *à tems*; c'est-à-dire, dès qu'elles sont fermées, et avant que les jeunes reines en soient sorties ().

() l'ai Tu souvent des reincs-abeilles, au moment de leur naissance, commencer par attaquer le» cellule royales, et se jeter ensuite sur les cellules-commune» qui les touchoient. La première fois que je fus témoin de ce dernier fait, je n'avois point encore observé les

Je n'ajoute plus qu'un mot à cette-longue lettre. La naissancedes *ouvrières fécondes* n'a rien de bien surprenant quand on a inédité les conséquences de la belle découverte de *Schirach* Mais pourquoi ces mouches ne pondent-elles que des œufs de mâles? Je conçois qu'elles n'en pondent qu'un petit nombre, parce que leurs ovaires n'ont recu qu'un développement très-imparfait; mais je ne distingue point par quelle raison tous leurs oeufs sont de la sorte des mâles. Je ne devine pas mieux de quelle utilité elles sont dans les ruches; et je n'ai fait encore aucune recherche sur la manière dont s'opère leur fécondation.

Agréez, Monsieur, l'assurance de mon respect, etc.

ettvrières féconctes, et je ne pus comprendre par quel motif les reines dirigeaient ainsi leur fureur contre des cellules communes-, mais je conçois actuellement qu'elles distinguent la sorte de mouches qui *y* sont renfermées, et qu'elles doivent avoir contr'elles le même instinct de jalousie, ou le même sentiment d'aversion, çue contre les nymphes de reines proprcment dites.

SIXIÈME LETTRE.

Sur les combats des reines, sur le massacre des mâles, et sur ce qui arrive dans une ruche quand on substitue à sa reine naturelle une reine étrangère.

Pregny, le a8 Août 1791.

Monsieur,

M. *de Réaumur* composa son histoire des abeilles, il n'avoit pas vu tout ce qui a rapport à ces mouches industrieuses. Plusieurs observateurs, et en particulier ceux de Lusace, ont decouvert nombre de faits imporlans qui lui avoient echappé; j'ai fait aussi à mon tour diverses observations qu'il ne sonpconnoit pas; cependant, et c'est une chose très-remarquable, non-seulement tout ce qu'il declare en propres termes *avoir vu* a été 'vérifié par les naturalistes qui l'ont suivi; mais encore toutes ses conjectures se sont trouvees justes; les observateurs allemands, MM. *SchirachfHattorff Riem,* le contredisent bien quelquefois dans leurs mémoires; mais je puis vous assurer que lorsqu'ils combattent les expériences de M. *de Réaumur,* ce sont presque toujours eux qui se trompent; l'on en pourroit citer plusieurs exemples. Celui que j'en rapporterai aujourd'hui me fournira l'occasion de vous détailler quelques faits intéressans.

M. *de Réaumur* avoit observé que quand il naît ou qu'il survient quelque reine surnuméraire dans une ruche, l'une des deux périt en peu de tems: à la vérité il n'avoit pas vu le combat dans lequel elle succombe, mais il avoit conjecturé que les reines s'attaquoient réciproquement, et que l'empire demeuroit,à la plus forte bu à la plus heureuse. M. *Schirach,* au contraire, et après lui, M. *Rieni,* prétendent que ce sont les abeilles ouvrières qui se jettent sur les; reines étrangères, et qui les tuent à coups d'aiguillon. Je ne comprends point par quel hasard ils ont pu faire cette observation; car, comme ils ne se servoient que de ruches assez epaisses, où se trouvoient plusieurs rangs de gâteaux parallèles, ils pouvoient tout au plus apercevoir le commencement des hostilites: les abeilles courent très-vite quand elles se combattent; elles fuyent de tous côtés; elles se glissent entre les gâteaux, et cachent ainsi leurs mouvemens à l'observateur. Pour moi, Monsieur, qui me suis servi des ruches les plus favorables, je n'ai jamais vu de combat entre les reines et les ouvrières; mais bien souvent entre les reines elles-mêmes.

J'avois en particulier une ruche dans laquelle se trouvoient à la fois cinq ou six cellules royales, dont chacune renfermoit une nymphe: l'une d'elles étant plus âgée, subit avant les autres la dernière transformation. Il y avoit à peine dix minutes que cette jeune reine étoit sortie de son berceau, qu'elle alla visiter les autres cellules royales fermées; elle se jeta avec flireu r sur la première qu'elle rencontra: à force de travail, elle parvint à en ouvrir la pointe; nous la vîmes tirailler avec ses dents la soie de la coque qui y étoit renfermée; mais probablement ses efforts ne réussissoient pas à son gré, car elle abandonna ce bout de la cellule royale, et alla travailler à l'extrémité opposée, où elle parvint à faire une plus large ouverture; quand elle l'eut assez agrandie, elle se retourna pour y introduire son ventre; elle y fit divers mouvemens en tout sens, jusqu'à ce qu'enfin elle réussit à frapper sa rivale d'un coup d'aiguillon mortel. Alors elle s'éloigna de cette cellule, et les abeilles qui y étoient restées, jusqu'à ce moment, spectatrices de son travail, se mirent, après son départ, à agrandif la brèche qu'elle y avoit faite, et en tirèrent le cadavre d'une reine à peine sortie de son enveloppe de nymphe.

Pendant ce tems-la, la jeune reine victorieuse se jeta sur une autre cellule royale, et y fit également une large ouverture, mais elle ne chercha point à y introduire l'extrémité de son ventre; cette seconde cellule ne contenoit pas, comme la première, une reine déjà développée et à laquelle il ne restoit plus qu'à sortir de sa coque; elle ne renfermoil qu'une nymphe royale: il y a donc toute apparence que, sous cette forme, les nymphes de reines inspirent moins de fureur à leurs rivales; mais elles n'en échappent pas mieux à la mort qui les attend; car, dès qu'une cellule royale a ete ouverte avant le tems, les abeilles en tirent ce qu'elle contenoit sous quelque forme qu'il s'y trouve, de ver, de nymphe ou de reine: aussi, lorsque la reine victorieuse eut quitté cette seconde cellule, les ouvrières agrandirent l'ouverture qu'elle y avoit pratiquée, et en tirèrent la nymphe qui y étoit renfermée: enfin, la jeune reine se jeta sur une troisième cellule; mais elle ne réussit pas à l'ouvrir: elle y tra ailloit languissamment, elle paroissoit fatiguée de ses premiers efforts. Nous avions besoin, dans ce tems là, de reines pour quelques expériences particulières, nous nous déterminâmes donc à emporter les autres cellules royales qu'elle n'avpit (pas attaquees enjcore, pour les mettre a l'abri de ses fureurs.

Nous voulûmes voir ensuite ce qui arriveroit, dans Je cas où deux reines sortiroient de leurs cellules en même tems, et par quels coups l'une des deux périroit. Nous fîmes sur ce sujet une observation, que je trouve dans mon journal en date du 16 Mai 1790.

Deux jeunes reines sortirent ce jour là de leurs cellules, presque au même moment, dans une de nos ruches les plus minces. Dès qu'elles furent à portée de se voir, elles s'élancèrent l'une contre l'autre avec l'apparence d'une grande colère, et se mirent dans une situation telle, que chacune avoit ses antennes prises dans les dents de sa rivale; la tête, le corselet et le ventre de l'une étoient opposés à la tête, au corselet et au ventre de l'autre; elles n'avoient qu'à replier l'extrémité postérieure de leurs corps, elles se seroient percées réciproquement de leur aiguillon/ et seroient mortes toutes ls deux dans le combat. Mais il semble que la nature n'a pas voulu que leurs duels fissent périr les deux combattantes; on diroit qu'elle a ordonné aux reines qui se trouveroient dans la situation que je viens de décrire (c'est-à-dire en face et ventre contre ventre) de se fuir à l'instant même avec la plus grande précipitation. Aussi, dès que les deux rivales dont je parle sentirent que leurs parties postérieures alloient se rencontrer, elles se dégagèrent l'une de l'autre, et chacune s'enfuit de son côté. Vous verrez, Monsieur, que j'ai répété cette observation très-souvent; elle ne me laisse aucun doute, et il me semble inéme que dans ce cas ci, on peut pénétrer l'intention de la nature.

Il ne devoit pas y avoir dans une ruche plus d'une reine: il falloit donc que si par hasard il en naissoit ou en survenoit une seconde, l'une des deux fut mise à mort. Or, il ne pouvoit pas être permis aux abeilles ouvrières de faire cette exécution, parce que dans une république composée d'autant d'individus entre lesquels on ne peut pas supposer un concert toujours egal, ilseroit frequemment arrivé qu'un groupe d'abeilles se seroit jeté sur l'une des reines, tandis qu'un second groupe auroit massacré l'autre, et la ruche auroit été privée de reine. Il falloit donc que les reines seules fussent chargées du soin de se défaire de leurs rivales. Mais comme, dans ces combats, la nature ne vouloit qu'une seule victime, elle; a sagement arrangé d'avance qu'au moment où, par leur position, les deux Combattantes pourroient perdre la vie l'une et l'autre, elles ressentissent toute les deux une crainte si forte, qu'elles ne pensassent plus qu'à fuir sans se darder leurs aiguillons......,-,

Je sais qu'on court risque de se tromper, quand on cherche minutieusement les causes finales des plus petits faits; mats, dans celui-ci, le but et le moyen m'ont paru si clairs, que je me suis hasardé à donner cette conjecture. Vous jugerez, Monsieur, infiniment mieux que moi, jusqu'à quel point elle est fondée; mais je reviens de cette digression.

Quelques minutes après que nos deux reines se furent separees, leur crainte cessa, et elles recommencèrent à se chercher; bientôt elles s'aperçurent, et nous les vîmes courir l'une contre l'autre: elles se saisirent encore comme la première fois, et se mirent exactement dans la même position: le resultat en fut le même; dès que leurs ventres s'approchèrent, elles ne songèrent plus qu'à se dégager l'une de l'autre, et elles s'enfuirent. Les abeilles ouvrières étoient fort agitées pendant tout ce tems-là, et leur tumulte paroissoit s'accroître, lorsque les deux adversaires se séparoient; nous les vîmes à deux differentes fois arrêter les reines dans leur fuite, les.saisir par les jambes, et les retenir prisonnières plus d'une minute. Enfin, dans une troisième attaque, celle des deux reines qui étoit la plus acharnée ou la plus forte courut sur sa rivale au moment où celle-ci ne la voyoit pas venir; elle la saisit avec ses dents à la naissance de l'aile, puis monta sur sou corps, et amena l'extré *TomeL 1* ttité de son ventre sur les derniers anneaux de son ennemie, qu'elle parvint facilement à percer de son aiguillon j elle lâcha alors l'aile qu'elle tenoit entre ses dents , et retira son dard; la reine vaincue tomba, se traîna languissamment,. perdit ses forces très-vite, et expira bientôt après. Cette observation prouvoit que les reines vierges se livrent entre elles des combats singuliers. Nous voulûmes voir ensuite si les reines fecondes et mères avoient les unes contre les autres la même animosité.

Nous choisîmes pour cette nouvelle observation, le 22 Juillet, une ruche plate, dont la reine étoit très-feconde, et comme nous étions curieux de savoir si elle détruiroit les cellules royales, ainsi que le pratiquent les reines vierges, nous plaçâmes d'abord au milieu de son gâteau trois de ces cellules fermées. Aussitôt qu'elle les aperçût elle s'élança sur le groupe qu'elles formoient, les perça vers leur base, et ne les quitta qu'après avoir mis à découvert les nymphes qui y étaient renfermées. Les ouvrières qui jusqu'à ce moment, étoient restées spectatrices de cette destruction, vinrent alors pour enlever les nymphes royales; elles prirent avidement la bouillie qui reste au fond de ces cellules, elles sucèrent aussi ce qui se trouvoit de fluide dans l'abdomen des nymphes, et finirent par détruire les cellules dont elles les avoient tirées.

Nous introduisîmes ensuite dans cette même ruche une reine très-féconde, dont nous avions peint le corselet pour la disrtinguer de la reine régnante: il se forma très-vite un cercle d'abeilles autour de cette étrangère, mais leur intention n'étoit pas de l'acueillir ou de la caresser; car insensiblement elles s'accumulèrent si bien. autour d'elle et la serrèrent de si près, qu'au bout d'une minute elle perdit sa liberté et se trouva prisonnière. Ce qu'il y a ici de très-remarquable, c'est qu'au même tems, d'autres ouvrières s'accumuloient autour de la reine régnante, *et* génoient tous ses mouvemens: nous vîmes l'instant où elle alloit être cnferme'e comme l'étrangère. On diroit quelquefois que les abeilles prévoyent le combat que vont se livrer les deux reines, et qu'elles sont impatientes d'en voir l'issue; car elles ne les retiennent prisonnières que lorsqu'elles paroissent s'écarter l'une de l'autre; et si l'une des deux, moins gênée dans ses mouvemens, semble vouloir se rapprocher de sa rivale, alors toutes les abeilles qui formoientces massifs, s'écartent pour leur laisser l'entière liberté de s'attaquer; puis elles reviennent les serrer de nouveau, si les reines paroissent encore disposées à fuir.

Nous avons vu ce fait très-souvent: mais il présente un trait si neuf et si extraordinaire de la police des abeilles, qu'il faudroit le revoir mille fois, pour oser l'assurer positivement. Je voudrois, Monsieur, inviter les naturalistes à examiner avec attention le combat des reines, et à constater surtout quel est le rôle qu'y jouent les ouvrières. Cherchent-elles à accélérer ces combats? Excitent-elles, par quelque moyen secret, la fureur des combattantes? Comment se fait-il qu'accoutumees à rendre des soins à leur propre reine, il y ait pourtant des circonstances où elles l'arrêtent, lorsqu'elle. se prepare a fuir un danger qui la menace?

Pour résoudre ces problèmes, il faudroit tenter une longue suite d'observations. C'est un champ d'expériences bien vaste, et dont les résultats seroient infiniment curieux. Veuillez me pardonner mes fréquentes digressions; ce sujet est très-philosophique, mais il faudroit votre génie, Monsieur pour le manier et le présenter: je poursuis la description du combat de nos deux reines.

Le massif d'abeilles qui entouroient la reine régnante lui ayant permis quelque léger mouvement, elle parût s'acheminer ver& la portion du gâteau sur laquelle étoit sa rivale; alora toutes les abeilles se reculèrent devant elle; peu-à-peu, la multitude d'ouvrières qui séparoient les deux adversaires se dispersa enfin, il n'en restoit plus que «Jeux, qui s'écartèrent et permirent aux reines de se voir: eu cet instant, la reine regnante se jeta sur l'etrangère, la saisit avec ses dents près de la racine des ailes, et parvint à la fixer contre le gâteau, sans lui laisser la liberté de faire de la résistance, ni même aucun mouvement; ensuite elle recourba son ventre, et perça d'un coup mortel cette malheureuse victime de notre Curiosité,

Enfin, pour épuiser toutes les combinaisons, il nous restoit encore à de"couvrir s'il y auroit un combat entre deux reines dont l'une seroit féconde et l'antre vierge, et quelles en seraient les circonstances et l'issue.

Nous avions une ruche vitrée, dont la reine étoit vierge et âgée de vingt-quatre jours; nous y introduisîmes, le 18 Septembre, une reine très-féconde, et nous la plaçâmes sur la face du gâteau opposée à celle où étoit la reine vierge, pour nous donner le tems de voir comment les ouvrières la recevtoient: elle fut bientôt entourée d'abeilles qui l'enveloppèrent. Cependant elle ne fut qu'un instant serree entre leurs cercles; elle étoit pressée de pondre, elle laissoit tomber ses œufs, et nous ne pûmes voir ce qu'ils devinrent; les abeilles ne les portèrent sûrement pas dans les cellules, car nous n'en trouvâmes aucun quand nous les visitâmes. Le groupe qui entouroit cette reine s'etant un peu dissipe, elle s'achemina vers le bord du gâteau, et se trouva bientôt à une très-petite distance de la reine vierge. Dès qu'elles s'aperçurent, elles s'élancèrent l'une contre l'autre; la reine vierge monta alors sur le dos de sa rivale, et darda sur son ventre plusieurs coups d'aiguillon; mais comme ces coups ne portèrent que sur la partie écailleuse» ils ne lui firent aucun mal, et les combattantes se séparèrent: quelques minutes après elles revinrent à la charge: cette fois la reine féconde parvint à monter sur le dos de son ennemie, mais elle chercha inutilement à la percer, l'aiguillon n'entra pas dans les chairs; la reine vierge parvint à se dégager et s'enfuit j elle réussit encore à s'echapper dans une autre attaque, où la reine feconde a voit pris sur elle l'avantage de la position. Ces deux rivales paroissoient de même force, et il étoit difficile de prevoir de quel côté peneheroit la victoire, lorsque enfin, par un hasard heureux, la reine vierge perça mortellement l'etrangère, qui expira sur le moment même.

Le coup a voit pénétré si avant, que la reine victorieuse ne pût pas d'abord retirer son dard, et qu'elle fut entraînée dans la chute de son ennemie. Nous la vîmes faire bien des efforts pour dégager son aiguillon: elle n'y pût réussir qu'en se tournant sur l'extrémité de son ventre, comme sur uu pivot. Il est probable que par ce mouvement les barbes de l'aiguillon se fléchirent, se couchèrent en spirale autour de la tige, et qu'elles sortirent ainsi de la plaie qu'elles avoient faite.

Je crois, Monsieur, que ces observations ne vous laisseront plus aucun doute sur la conjecture de notre célèbre Réaumur, II est certain que, si l'on introduit f dans une ruche plusieurs reines, une seule conservera l'empire, que les autres périront sous ses coups, et que les abeilles ouvrières ne tenteront pas un instant d'employer leurs aiguillons contre cette reine étrangère. J'entrevois ce qui a pu tromper à cet égard MM. Riem et Schirach; mais pour l'expliquer, il faut que je raconte dans un assez long détail un nouveau trait de la police des abeilles.

Dans l'état naturel des ruches, il peut se trouver pour quelques momens plusieurs reines, celles qui seront nées dans les cellules royales que les abeilles y auront construites; èt elles y resteront jusqu'à ce qu'il se soit formé un essaim, ou qu'un combat entre ces reines ait décidé à laquelle appartiendrait le trône; mais, hors ce cas, il ne peut jamais y avoir de reines surnuméraires, et si un observateur en veut introduire une, ce n'est que par la force qu'il y parvient, c'est-à-dire, en ouvrant la ruche. En un mot, dans l'état naturel, jamais une reine étrangère ne pourroit s'y glisser, et voici pourquoi.

Les abeilles posent et entretiennent nuit et jour une garde suffisante aux porfes de leur habitation: ces vigilantes sentinelles examinent tout ce qui se présente, et comme si elles ne s'en fioient pas à leurs yeux seulement, elles touchent de leurs antennes flexibles tous les individus qui veulent pénétrer dans la ruche, et les diverses substances qu'on met à leur portée, ce qui, pour le dire en passant, ne permet guères de douter que les antennes ne soient l'organe du tact. S'il se présente une reine étrangère, les abeilles de la garde la saisissent à l'instant; pour l'empêcher d'entrer, elles accrochent avec leurs dents ses jambes ou ses ailes, et la serrent de si près entre leurs cercles qu'elle ne peut pas s'y mouvoir 7 peu à peu il vient de l'intérieur de la ruche de nouvelles abeilles qui se joignent à ce massif et le rendent encore plus serré; toutes leurs têtes sont tournées vers le centre où la reine est renfermée, et elles s'y tiennent avec une telle apparence d'acharnement, qu'on peut prendre la pelotte qu'elles forment et la porter quelques momens sans qu'elles s'en aperçoivent; il est de toute impossibilité qu'une reine étrangère, enveloppée et serrée si étroitement, puisse pénétrer dans la ruche. Si les abeilles la retiennent trop long-tems prisonnière elle périt, et sa mort est probablement occasionnée ou par la faim, ou par la privation d'air: il est très-sûr au moins qu'elle ne reçoit pas de coups d'aiguillon: il ne nous est arrivé qu'une seule fois de voir les dards des abeilles se tourner contre une de ces reines emprisonnées, et ce fut par notre faute; touchés de son sort, nous voulûmes la tirer du centre de la pelotte qui l'enveloppoit; à l'instant les abeilles s'irritèrent, lâchèrent toutes leurs aiguillons, et quelques coups portèrent contre la malheureuse reine, qui succomba. Il est si vrai que ces aiguillons n'étoient pas dirigés contr'elle, que plusieurs ouvrières en furent percées elles-mêmes: et ce n'étoit certainement pas leur intention de se tuer les unes les autres. Si donc nous n'avions pas troublé les abeilles de ce massif, elles se seroient contentées de garder la reine entr'elles, et ne l'auroient pas massacrée.

Or, pour en revenir à M. Riem, c'est dans une circonstance analogue à celle que je viens de décrire, qu'il awu les ouvrières s'acharner à poursuivre une reine; il a cru qu'elles cherchoient à la percer de leurs dards, et il en a conclu que les abeilles communes étoient chargées de tuer les reines surnuméraires. Vous avez rapporté son observation dans la *Content platon de la nature* (; mais vous voyez, Monsieur, d'après les détails dana lesquels je viens d'entrer, qu'il s'étoit mépris; il ne connoissoit point l'attentioa avec laquelle les abeilles observent ce qui se passe à l'entrée de leurs ruches, et i! ignoroit absolument les moyens qu'elles emploient pour empêcher les reines surnuméraires d'y pénétrer.

Après avoir bien constate', qu'en aucuns cas, les abeilles ouvrières ne tuent () Nouvelle édition, part. XI, chap XX*VII,* note 7

à coups d'aiguillon les reines surnuméraires, nous fûmes curieux de savoir comment une reine étrangère seroit reçue dans une ruche qui n'auroit point de reine régnante; nous fîmes, pour éclaircir ce point, une multitude d'expériences dont les détails prolongeaient trop cette lettre; je n'en rapporterai ici que les principaux résultats. Lorsqu'on enlève la reine d'une ruche, les abeilles ne s'en aperçoivent pas d'abord; elles n'interrompent point leurs travaux, elles soignent leurs petits, elles font toutes leurs opérations ordinaires avec la même tranquillité; mais au bout de quelques heures, elles s'agitent; tout paroît en tumulte dans leur ruche; on entend un bourdonnement singulier; les abeilles quittent le soin de leurs petits, courent avec impétuosité sur la surface des gâteaux et semblent en délire; elles s'aperçoivent donc alors que leur rein n'est plus au milieu d'elles. Mais comment peuvent-elles s'en apercevoir? Comment les abeilles qui sont sur la surface d'un gâteau savent-elles que la reme est ou n'est point sur le gâteau voisin?

En parlant d'un autre trait de l'histoire de nos mouches, vous avez proposé vougmême ces questions, Monsieur; je ne suis assurément pas en état d'y répondre encore, mais j'ai rassemble quelques faits qui faciliteront peut-être aux naturalistes la découverte de ce mystère.

Je ne doute point que cette agitation ne provienne de la connoissance qu'ont les ouvrières de l'absence de leur reine; car dès qu'on la leur rend, le calme renaît au milieu d'elles à l'instant même; et ce qu'il y a de bien singulier, c'est qu'elles la *reconnaissent;* prenez, Monsieur, cette expression au pied de la lettre. La substitution d'une autre reine ne produit poinjt le même effet, si elle est introduite dans la ruche pendant les douze premières heures qui suivent l'enlèvement de la reine régnante. Dans ce cas l'agitation continue, et les abeilles traitent la reine étrangère comme elles le font lorsque la présence de leur propre reine ne leur laisse rien à désirer; elles la saisissent, l'enveloppent de toutes parts, la retiennent captive dans un massif impénétrable pendant un espace de tems très-long; pour l'ordinaire cette reine y succombe, soit de faim, soit par la privation de l'air.

Lorsqu'on a laissé passer dix-huit heures avant de substituer une reine étrangère à la reine régnante enlevée, elle y est traitée d'abord de la même manière; mais les abeilles qui l'avoient enveloppée se lassent plus vite; le massif qu'elles forment autour d'elle n'est bientôt plus aussi serré; peu à peu elles se dispersent, et enfin cette reine sort de captivité; on la voit marcher d'un pas foible et languissant: quelquefois elle expire dans l'espace de quelques minutes. Jfous avons vu d'autres reines sortir biea portantes d'une prison qui avoit duré dixsept heures, et finir par régner dans les ruches où d'abord elles avoient été si mal reçues.

Mais si on attend vingt-quatre ou trente heures pour substituer à la reine enlevée une reiue étrangère, celle-ci sera fcien accueillie, et régnera dès l'instant où elle sera introduite dans la ruche ().

() Je parle ici du bon accueil qu'après un interrègne de vingt-quatre heures, les abeilles font à toute reine étrangère qu'on substitue à leur reine naturelle; mais comme ce mot A'accueil est assez vague, il convient d'entrer dans quelques détails pour déterminer le sens précis que je lui donne. — ' Le i5 Août de cette année j'introduisis dans une de mes ruches vitrées une reine féconde, âgée de onze mois. Les abeilles étoient privées de reine depuis vingt-quatre heures, et pour réparer leur perte, elles avoient déjà commencé à construire douze cellules royales, de la sorte de celles que j'ai décrites dans une des lettres précédentes.— Au moment ou je plaçai sur le gâteau celle femelle étrangère, le& ouvrières qui se trouvèrent auprès d'elle, la touchèrent de leurs antennes, passèrent leurs trompes sur toutes les parties de son corps, et lui donnèrent du miel; puis elles firent place à d'autres qui la traitèrent exactement de la même manière. Toutes ces abeilles battirent des ailes à la fois, et se rangèrent en cercle autour de leur souveraine. Il en résulta une sorte d'agitation qui se communiqua peu à peu aux ouvrières placées sur les autres parties de cette même face du gâteau, et les détermina à venir reconnoître à leur tour ce qui se passoit sur le lieu de la scène. Elles arrivèrent bientôt, franchirent le cercle que les premières venues avoient formé, s'approchèrent de la reine, la touchèrent de leurs antennes, lui donnèrent du miel, et après cette petite cérémonie se reculèrent, se placèrent derrière les autres, et grossirent le cercle. Là elles agitèrent

Une absence de vingt-quatre ou trente heures suffit donc pour faire oublier aux leurs ailes, se trémoussèrent sans désordre, sans tumulte, comme si elles eussent éprouvé une sensation qui leur fût très-agréable. —.La reine n'avoitpas quille «ncore la place où je Pavois mise, mais au bout d'un quart-d'heure elle se mit à marcher. Les abeilles, loin de s'opposer à son mouvement, ouvrirent le cercle du côté où elle se dirigeoit, la suivirent, et lui bordèrent la haie. — Elle étoit pressée du besoin de pondre, et laissoit tomber ses œufs. Enfin, après un séjour de quatre heures, elle commença à déposer des œufs de mâles dans les grandes cellules qu'elle rencontra saison chemin.

Pendant que les faits que je viens de décrire se passoinnt sur la face du gâteau où j'avois placé cette reine, tout étoit resté parfaitement tranquille sur la face opposée: il semble que les ouvrières qui se trouvoient sur cette dernière, ignorassent profondément l'arrivée d'une reine dans leur ruche; elles travailloient avec beaucoup d'activité à leurs cellules royales, comme si elles eussent ignoré qu'elles n'en avoient plus besoin; elles soignoient les vers royaux, leur apportoieut de la gelée, etc. etc. Mais enfin la nouvelle reine passa de leur coté; elle fut reçue de leur part avec le même empressement qu'elle avoit éprouvé de leurs compagnes sur la première face du gâteau; elles lui bordèrent la haie, lui donnèrent du miel, la touchèrent de leurs antennes; et ce qui prouve encore mieux, qu'elles la traitèrent en mère, c'est qu'elles renoncèrent toui de i5 abeilles leur première reine. Je m'interdis toute conjecture.

Celle lettre n'est remplie que de descriptions de combats, t de scènes lugubres: je devrais peut-être, en la terminant, vous donner la relation de quelque Irait d'une industrie plus douce et plus intéressante. Cependant, pour n'avoir plus à revenir sur des recits de duels et de massacres, je joindrai encore ici mes observations sur le carnage des mâles. suile à continuer les cellules royales, qu'elles enlevèrent les vers royaux, et mangèrenlla bouillie qu'elles avoient accumulée autour d'eux. Depuis ce moment la reine fut reconnue tin tout son peuple, et se conduisit dans sa nouvelle habitation comme clic eût fait dans sa ruche natale.

Ces détails me paraissent donner une idée assez juste cle la manière dont les abeilles reçoivent une reine «trangère, lorsqu'elles onl eu le lems d'oublier la leur. Elles la traitent exactement comme si c'éloit leur reine naturelle, à cela près que, dau.i le premier instant, il *y a* peut-être plus de chaleur, ou, si j'ose parler ainsi, plus de *démonstrations*. Je sens l'itnpropriélé de ces termes, niais M. de Réaumur sf a en quelque sorte consacrés: il ne fait aucune difficulté de dire que les abeilles rendent à leur reine des *soins*, des *respects*, des *hommages*, et, à son exemple, ces' mêmes expressions ont échappé à la plupart des auteurs qui ont parle des abeilles.

Vous vous rappelez, Monsieur, que tous les observateurs d'abeilles s'accordent à dire que, dans un certain tems de l'année, les ouvrières chassent et tuent les faux-bourdons. M. de Réaumur parle de ces executions comme d'une horrible tuerie j à la verité, il ne dit pas en propres termes qu'il en ait été le temoin; mais ce que nous avons observe est si conforme à ce qu'il eu raconte, qu'il n'est pas douteux qu'il n'ait vu lui-même les particularités de ce massacre.

C'est ordinairement dans les mois de Juillet et d'Août que les abeilles se défont des mâles. On les voit alors leur donner la chasse, les poursuivre jusqu'au fond des ruches, où ils se réunissent en foule j et comme on trouve dans ce même tems «ne grande quantité de cadavres de fauxbourdons sur la terre au-devant des ruches; il ne paroissoit pas douteux qu'après leur avoir donné la chasse, les abeilles ne les tuassent à coup d'aiguillon. Cependant 9» ne les voit point employer cette arme contr'eux sur la surface des gâteaux; elles se contentent de les poursuivre et de les en chasser. Vous le dites vous-même, Monsieur, dans une des notes nouvelles que vous avez ajoutées a la *Contemplation de la nature* (), et vous paroissez disposé à croire que les faux-bourdons, réduits à se retirer dans un coin de la ruche, y meurent de faim. Cette conjecture étoit très-vraisemblable; cependant il restoit encore possible que le carnage s'opérât dans le fond des ruches, et que jusqu'ici on ne fut pas parvenu à l'y voir, parce que cette partie est obscure et echappe aux yeux de l'observaieur.

Afin d'apprécier la justesse de ce doute, nous imaginâmes de faire vitrer la table qui sert de fond aux ruches, et de nous placer par dessous, pour voir tout ce qui se passerait dans le lieu de la scène. Nous construisîmes une table vitrée, sur laquelle nous posâmes six ruches peuplées d'es __---... n _.-,—l-----.. ni) Note 5, Chap.XXVI, Part. XI. saims dé Tannée precedente, et en nous couchant sous cette table nous cherchâmes a découvrir de quelle manière le & fauxbourdons perdaient la vie. Cette invention nous réussit à merveille. Le 4 Juillet 1787, nous vîmes les ouvrières faire un vrai massacre des mâles, dans six essaims, à la même heure, et avec les mêmes particularités. La table vitrée étoit couverte d'abeilles qui paroissoient très-ani mées, et qui s'élancoientsur les faux-bourdons à mesure qu'ils arri.voient. au fond de la ruche; elles les saisissoient par les antennes, les jambes, ou les ailes; et:après les avoir tiraillés, ou, pour ainsi dire, écartelés, elles les tuoient à grands coups-d'airguillons, qu'elles dirigeoient ordinairement entre les anneaux du ventre; l'instant où cette arme redoutable les atteignoit étoit toujours celui de leur mort, ils étendoient leurs ailes et expiroient. Cependant, comme si les ouvrières ne les eussent pas trouvés aussi morts qu'ils nous le paroissoient, elles les îVappoient encore de leurs dards, et si profondément qu'elles avoient beau? coup de peine à les retirer: il falloit qu'elles tournassent sur elles-mêmes pour reussir à les degager.

Le lendemain, nous nous mîmes encore dans la même position, pour observer ces mêmes ruches, et nous fûmes témoins de nouvelles scènes de carnage. Pendant trois heures nous vîmes nos abeilles eii furie tuer des mâles. Elles avoient massacré la veille ceux de leurs propres ruches; mais ce jour-là, elles se jetoient sur les faux-bourdons chassés des ruches voisines, et qui venoient se réfugier dans leur habitation. Nous les Vîmes aussi arracher des gâteaux quelques toymphes de mâles qui y restoientj elles suçoient avec avidité tout ce qu'il y avoit de fluide dans leur abdomen, et les emportoient ensuite au dehors. Le jour suivant il ne parut plus de faux-bourdons dans ces ruches.

Ces deux observations me semblent décisives, Monsieur; il est incontestable que la nature a chargé les ouvrières du soin de tuer les mâles de leurs ruches, dans certains tems de l'année. Mais quel est le moyen qu'elle emploie pour exciter la fureur des abeilles contre ces mâles? C'est encore là une de ces questions auxquelles je n'entreprendrai point de repondre. J'ai cependant fait une observation qui pourra conduire un jour à la solution du problème. Les abeilles ne tuent jamais les mâles dans les ruches privées de reines; flsy trouvent, au contraire, un asile assuré, dans les tems mêmes où elles en font ailleurs uu horrible massacre; ils y sont alors soufferts, nourris, et on y en voit un grand nombre, même au mois de Janvier. Ils sont également conservés dans les ruches qui, n'ayant point de reine proprement dite, ont parmi elles quelques individusde cette sorte d'abeilles qui pondent des œufs de mâles, et danî celles dont les reines à *demi-fécondes*, si je puis parler ainsi, n'engendrent que des faux-bourdons. Le massacre n'a donc lieu que dans les ruches dont les reines sont complètement fécondes, et ce n'est jamais qu'après la saison des essaims qu'il commence. J'ai l'honneur d'être, etc.

SEPTIÈME LETTRE.
Suite des expériences sur la manière dont les abeilles reçoivent une reine, étrangère: observations de M. de Réaumur sur ce sujet.
Pregny, 3o Août 1791.
Monsieur,
J-'
E vous ai souvent dit combien j'admirois les mémoires de M. de Réaumur sur les abeilles. Je me plais à répéter, que si j'ai fait quelques progrès dans l'art d'observer, je les dois à l'étude approfondie des ouvrages de cet excellent naturaliste. En général, son autorité me paroit si forte que j'en crois à peine mes propres expériences, lorsque leurs résultats diffèrent de ceux qu'il a obtenus. Aussi, lorsque je me trouve en opposition avec l'historien des abeilles, je recommence mes observations, j'en varie les procédés, f examine avec le plus grand soin toutes les circonstances qui pourroient me faire illusion, et je n'interromps mon travail qu'après avoir acquis la certitude morale de ne m'être point trompé. A l'aide de ces précautions, j'ai reconnu la justesse du coup-d'œil de M. de Réaumur, et j'ai vu, en mille occasions, que si certaines expériences paroissent le combattre, c'est qu'elles sont mal exécutées. J'en excepterai cependant quelques faits sur lesquels j'ai eu constamment un résultat different du sien. Ceux que j'ai exposés dans ma précédente lettre, sur la manière dont les abeilles recoivent une reine étrangère à la place de celle à laquelle elles étoient accoutumées, sont de ce nombre.

Lorsqu'après avoir enlevé la reine d'une ruche, je lui substituois, sur le champ, une reine étrangère, les abeilles recevoient mal cette usurpatrice; elles la serroient, l'enveloppoient, et souvent finissoient par l'étouffer. Je ne pus réussir à leur faire adopter une reine nouvelle qu'en attendant vingt ou vingt-quatre heures pour la leur donner. Au bout de ce teras, elles paroissoient avoir oublié leur propre reine, et recevoient avec respect toute femelle qu'on mettoil à sa place. M. de Réaumur dit, au contraire, que si on enlève aux abeilles leur reine, et qu'on leur en présente une autre, la reine nouvelle sera au moment même parfaitement bien reçue. Pour le prouver, il rapporte tous les détails d'une expérience, qu'il faut lire dans l'ouvrage même (); je n'en donnerai ici que l'extrait: il fît sortir de leur ruche natale quatre ou cinq cents abeilles, et il les détermina à entrer dans une boîte vitrée, vers le haut de laquelle il avoit fixé un petit gâteau; il vit d'abord ces mouches s'agiter beaucoup: pour les calmer, ou les consoler, il essaya de leur offrir une reine nouvelle. Dès cet instant le tumulte cessa, eE la reine étrangère fut recue avec tout respect.

Je ne contesïe pas le résultat de cette experience; mais, a mon avis-, elle ne prouve pas la consequence que M. de Réaumur en tire: l'appareil qu'il a employe éloignoit trop les abeilles de leur situation naturelle, pour qu'il pût juger de leur instinct et de leurs dispositions. Il a vu lui-même, en d'autres circonstances, que ces mouches reduites à un petit nombre perdoient leur industrie j, leur activite, et ne se livraient qu'imparfaitement à leurs travaux ordinaires. Leur instinct est donc modifie par toute opération qui les réduit à un trop petit nombre. Pour que l'experience fut vraiment concluante, il falloit donc l'exécuter dans une ruche bien peuplée, enlever à cette ruche sa reine natale, et lui en substituer à l'instant même une etrangère; je suis persuadé que, dans ce cas, M. de Reaumur auroi t vu les abeilles emprisonner l'usurpatrice, la serrer entre leurs cercles pendant quinze ou dix-huit heures au moins, et finir souvent par l'etouffer. Il n'auroit vu faire d'accueil à une reine étrangère, que lorsqu'il auroit attendu vingt-quatre heures à l'introduire dans la ruche, après l'enlèvement de la reine natale. Je n'ai eu à cet égard aucune variation dans le resultat de mes expériences: leur nombre, et l'attention avec laquelle je les ai faites, me font présumer (fu'elles peuvent mériter votre confiance.

Dans un autre endroit du mémoire que j'ai déjà cité(), M. de Réaumur affirme que *les abeilles qui ont une reine dont elles sont contentes, sont cependant disposées à faire le meilleur accueil à une femelle étrangère qui vient chercher un asile parmi elles.* Je vous ai raconté, Monsieur, mes expériences sur ce fait, dans ma lettre précédente; elles ont «u un succès très?différent de celui de M. de Réaumur. J'ai prouvé que les ouvrières n'emploient jamais leur aiguillon contre aucune reine, mais il s'en faut bien qu'elles fassent u» bon accueil à une femelle étrangère; elles (") Page 267.

la retiennent serrée au milieu d'elles, la pressent entre leurs cercles, et ne paroissent lui laisser de liberté que lorsqu'elle s'apprête à combattre la reine régnante. Mais on ne peut faire cette observation que dans nos ruches les plus minces. Celles de M. de Réaumur avoient toujours au moins deux gâteaux parallèles; et par cette disposition, il n'a pu voir quelques circonstances très-importantes qui influent sur la conduite que tiennent les ouvrières, lorsqu'on lenr donne plusieurs femelles. Il a pris pour des caresses les cercles que les ouvrières forment d'abord à l'entour d'une reine étrangère; et pour peu que cette reine se soit avancée entre les gâteaux, il lui aura été impossible de voir que ces cercles _, qui se rétrécissoieut toujours davantage, finissoient par gêner beaucoup les mouvemens de la femelle qui y étoit renfermée. Si donc il avoit employé des ruches plus minces, il auroit reconnu que ce qu'il prenoit pour les signes d'un bon accueil, n'étoit que le prélude d'un emprisonueaient.

Je repugne à dire que M. de Reaumur s'est trompé; cependant je ne puis admettre avec lui, qu'en certaines occasions, les abeilles souffrent dans leurs ruches une pluralité de femelles. L'expérience sur laquelle il fonde cette assertion ne peut pas être regardée comme décisive. Il fit entrer au mois de Décembre une reine étrangère dans une ruche vitrée, placée dans son cabinet, et il l'y enferma. Les abeilles ne pouvoient pas en rien, emporter au dehors, cette étrangère y fut bien recue,

sa présence retira les ouvrières de l'état d'engourdissement où elles étoient alors, et où elles ne retombent plus. Elle n'excita point de catnagej le nombre des abeilles mortes qui étoient au fond de la ruche n'augmenta pas sensiblement, et il ne s'y trouva point de cadavres de reines. Pour que l'on pût tirer de cette observation quelque consequence favorable à la pluralité des reines, il faudroit s'être assuré qu'au moment où on introduisit la reine nouvelle dans la ruche, elle avoit encore sa reine natale; or, l'auteur négligea cette precaution, il est très-vraisemblable que la ruche cjont il parle avoit perdu sa reine, puisque les abeilles y e'toient languissantes, et que la présence d'une reine étrangère leur rendit leur activite.

J'espère, Monsieur, que vous me pardonnerez cette légère critique, loin de chercher des fautes dans les ouvrages de notre célèbre Réaumur, j'ai eu le plus grand plaisir lorsque mes observations se sont accordées avec les siennes; et beaucoup plus encore lorsque mes expériences ont justifié ses conjectures. Mais j'ai dû indiquer les cas où l'impeçfection de ses ruches l'a induit en erreur, et expliquer par quelles raisons je n'ai pas vu certains faits de la même manière que lui; je désire surtout de mériter votre confiance, et je n'ignore pas qu'il me faut de plus grands efforts lorsque j'ai à combattre l'historien des abeilles. Je m'en rapporte à votre jugement, Monsieur, et Tous prie d'agréer l'assurance de mou respect, etc.

HUITIÈME LETTRE.

La reine abeille est-elle ovipare? Recherches sur la manière dont les vers des abeilles filent la soie de leurs coques. Quelle est l'in fluence de la grandeur des cellules sur la taille des mouches qui en proviennent?
Pregny, 4 Septembre 1791.

Monsieur,

Je rassemblerai dans cette lettre quelques observations isolees, relatives à divers traits de l'histoire des abeilles dont vous avez desire que je m'occupasse.

Vous m'avez invite à chercher si la reine est réellement *ovipare.* M. de Réaumur n'a point décidé cette question: il dit même qu'il n'a jamais vu. éclorre de ver d'abeille; il assure seulement qu'on trouve des vers dans les cellules, où, trois jours auparavant, des oeufs avoien tété, déposés. Vous com-s prenez, Monsieur, que pour saisir le moment où le ver sort de l'oeuf, il ne faut pas se borner à l'observer dans l'intérieuf des ruches, parce que le mouvement perpétuel des mouches ne permet pas de distinguer assez précisément ce qui se passe au fond des alvéoles. Il faut retirer ces oeufs, les placer sur une lame de verre, au foyer du microscope, eU veiller avec attention sur tous les changemens qu'ils éprouvent;:.-'.:'':' ''

II est encore'Une autre précaution à prendre: comme il fa ut; aux vers, pour éclorre, un certain degré de chaleur si on en privoit les œufs trop tôt, ils se désécheraient et périroient. Le seul moyen;, de;; réussir, à voir l'instant où le ver sort de l'oeuf, consiste donc à veiller la reine lorsqu'elle pond, à marquer les œufs quelle vient de déposer de quelque signe reconnoissable, et à ne les enlever de la ruche, pour les placer sur una lame de verre, qu'une.heure ou deux *Tome L* 1 avant les trois jours revolus. Il est trèscertain alors que les vers écloront, attendu qu'ils auront joui le plus long-tems possible de toute la chaleur qui leur est nécessaire. Tel est le procédé que j'a Suivi. En voici maintenant là résultat, 'Nous enlevâmes au mois d'Août quelques cellules, dans lesquelles étoient dèsœufs pondus trois jours auparavant; nous retrancha mes les pans de tous ces alvéoles, et nous fixâmes sur une lame de verre la pièce du fond pyramidal, où les ceuts étoient implantés. Bientôt nous vîmes de légers niouveraens d'inclinaison eC de redressement dans l'un de ces cents; au premier moment, la loupe re nous feisoit rien apercevoir svur la surface de l'œuf qui fut organisé; le ver étoit pour nous entièrement caché sous sa pellicule: nous le plaçâmes alors au foyer d'une lentille très-,forte; mais, pendant que ùous préparions cet appareil, le jeune Ver rompit k membrane qui l'emprisonnoit, et se dépouilla d'une partie de son.enveloppe: nous la vimes déchirée et chiffonnée sur quelques parties de corps, et plus particulièrement sur ses derniers anneaux: le ver, par des mou Vemenis assez vifs, se courboît et se re» dressoit alternativement; il lui fallut vingt minâtes de travail pour acheve! de jeter sa dépouille; ses grands mouvemeos cessèrent alors, il se coucha, se contourna en arc, et parut dans cette position prendre un repos dont il avoit besoin. Ce ver provenoit d'un oeuf pondi dans une cellule d'ouvrière, et seroit devenu une ouvrière lui-même.

JNous nous rendîmes ensuite attentifs au moment où un ver de mâle devoie éclore. Nous l'exposâmes au soleil'su? une lame de verre: en le regardant aveu une bonne lentille, nous découvrîrneS neuf des anneaux du ver sous la pellicule transparente de l'oeuf;' cette mem» brane étoit encore entière J le ver étoit complètement immobile: nous 'dis%itt guions sur sa surface le» deux lignes longitudinales des tradtpes, et un grand nombre de leurs ramifications. Nous ne (213) perdîmes pas de vue cet œuf un seul instant, et pour cette fois nous saisîmes les premiers mouvemens du ver. Le gros bout se courboit, se redressoit alternativement, et touchoit presque le plan où la pointe étoit fixée. Ces efforts opérèrent d'abord le déchirement de la membrane dans la partie supérieure près de la tête, puis sur le dos, et enfin successivement dans toutes les parties. La pellicule chiffonnée restoit en paquets sur divers endroits du corps du ver: elle tomba ensuite ().. ' t s--.

i, Quelques observateurs ont dit que les ouvrières rendoient des soins aux œufs que pond leur reine avant que le ver en sortît, et il est vrai qu'en quelque tems qu'on visite une ruche, on voit toujours des ouvrières qui tiennent leur tête et leur thorax enfoncés dans les cellules où il y a des œufs, et qui restent immobiles dans cette position plusieurs minutes de suite. Il est impossible de voir (IL est donc sûr que la relue est ovipare. , ,.. ce qu'elles y font, parce que leur corps cache absolument l'interieur des cellules. Mais il est facile de s'assurer que, lorsqu'elles prennent cette attitude, elles ne s'occupent point à soigner les œufs. Si l'on enferme dans une boite grillée des œufs au moment où la reine vient de les pondre, et qu'on les place ensuite dans une ruche forte, pour qu'ils y aient le degré de chaleur qui leur est nécessaire, les vers éclosent au tems ordinaire comme si on les eût laissés dans les cellules. Ils n'ont donc pas besoin pour éclore que les abeilles rendent aux œufs dont ils sortent aucuns soins particuliers.

J'ai lieu de croire que, lorsque ' les ouvrières entrent dans les cellules la tête la première, et y restent sans mouvement pendant quinze ou vingt minutes, c'est uniquement pour s'y reposer de leurs courses et de leurs fatigues. Les observations que j'ai faites sur ce sujet me semblent très-précises. Vous savez, Monsieur, que les abeilles construisent quelquefois des espèces de cellules de forme irre'gulière contre les vitres de leur ruche; ces cellules, qui sont vitrées d'un, côté, deviennent très-commodes pour l'observateur, puisqu'elles permettent de voir tout ce qui se passe dans leur interieur. Or, j'ai vu frequemment des abeilles y entrer dans des momens ou rien ne pouvoit les y attirer; c'étaient des cellules où il ne restoit plus rien à finir, et qui cependant ne contenaient pi œufs ni miel. Les ouvrières ne venaient donc s'y placer que pour y jouir de quelques instans de repos. En effet, elles y restaient vingt ou vingt-cinq minutes j dans une telle immobilité qu'on, auroit pu croire qu'elles étoieut mortes, »Ia dilatation de leurs anneaux n'avoi pas montré qu'elles respiraient encore. Ce besoin de repos n'est pas particulier %nx ouvrières seules: les reines entrent aussi quelquefois la tête la première dans les grandes cellules à mâles, et y restent très-long-tems immobiles. L'attitude qu'elles y preur4e.ru ne permet pas trop aux abeilles de leur rendre des hommages cependant, même dans ces circonstances, les ouvrières ne laissent pas de faire le cercle autour d'elle, et de brosser la partie de leur ventre qui reste à découvert. Les fauxbourdons n'entrent pas dans les cellules, quand ils veulent se reposer mais ils s'accumulent, se serrent les uns contre les autres sur les gâteaux, et conservent quelquefois cette situation pen-

dant dix-huit ou vingt heures, sans prendre le plus léger mouvement.
w-wv-wx v.-wv-w

Comme il importe dans plusieurs expériences de connoître exactement le tems que vivent les trois sortes de vers des abeilles, avant de prendre leur dernière forme, je joindrai ici mes observations particulières sur ce sujet.

Ver *ft ouvrières*. Trois jours dans l'état d'œuf; cinq jours datis l'état de ver/ *an* bout desquels les abeilles ferment sa cet Iule d'un couvercle de cire: le ver commence alors à filer sa coqttë de soie, îl emploie trente-six heures a cet ouvrage: trois jours après, il se métamorphose en nymphe, et passe sept jours et demi sous cette forme; il n'arrive donc à son dernier état, celui de *mouche*, que le vingtième jour de sa vie, à dater de l'instant OÙ l'œuf dont il sort a été pondu.

Ler ver *royal* passe également trois jours sous la forme d'œuf, et cinq sous celle de ver: après ces huit jours, les abeilles ferment sa cellule, et il commence tout de suite à y filer sa coque, opération qui l'occupe vingt-quatre heures: il reste dans un parfait repos le dixième et le Onzième jour, et même les seize premières heures du douzième; à cette époque il se transforme en nymphe, et passe quatre jours et un tiers sous cette forme. C'est donc dans le seizième jour de sa vie qu'il arrive à l'état de reine parfaite.

Le ver *mâle*. Trois jours dans l'œuf, six et demi sous forme de ver: il ne se métamorphose en mouche que le vingt-quatrième jour après sa naissance: je date Egalement du jour où l'oeuf dont il sort a été pondu.

Les vers d'abeilles sont *apodes*; cependant ils ne sont point condamné» à une immobilité complète dans leurs cellules: ils s'y avancent en tournant en spirale. Ce mouvement si lent dans les trois premiers jours, qu'il est a peine reconnoissable, devient ensuite plus facile à distinguer: j'ai vu ces vers faire alors deux révolutions entières dans l'espace d'une heure trois-quarts. Lorsqu'ils s'approchent du terme de leur métamorphose, ils ne sont plus qu'à deux lignes de l'orifice de la cellule. L'attitude qu'ils y prennent est toujours îa même; ils y sont contournés en arc. Il résulte de cette position que, dans les cellules horizontales, telles que les cellules d'ouvrières et les cellules de faux-bourdons, les vers sont placés perpendiculairement à l'horizon; et qu'au contraire, dans les cellules perpendiculaires à l'horizon, telles que le sont les cellules royales, les vers sont placés horizontalement. Oa pourvoit croire que cette différence de position a une grande influence sur l'accroissement des differens vers d'abeilles et cependant elle n'en a point. En tournant des gâteaux qui contenoient des cellules communes remplies de couvain » j'ai obligé les vers à se contenter d'une situation horizontale, et leur développement n'en a point souffert: j'ai retourné aussi des cellules royales, de manière que,les vers royaux qu'elles renfermoient fussent placés verticalement, et leur accroissement n'en a été ni moins rapide ni moins parfait.

Je me suis beaucoup occupé de la manière dont les vers d'abeilles filent la soie de leurs coques, et j'ai vu à cet égard des particularités qui m'ont paru également neuves et intéressantes. Les vers *îïouvrières* et ceux de *mâles* se filent dans leurs cellules des coques complètes» c'est-à-dire, qui sont fermées à leurs deux bouts, et qui enveloppent tout leur corps; les vers *royaux*, au contraire, ne filent que des coques incomplètes, c'est-à-dire,, qui sont ouvertes à leur partie postérieure, et qui n'enveloppent que la tête, le thorax et le premier anneau de l'abdomen. La decouverte de cette différence dans la forme des coques, qui au premier coupd'oeil peut paroître minutieuse, m'a fait cependant un extrême plaisir, parce qu'elle montre évidemment l'art admirable avec lequel la nature fait correspondre ensemble les différens traits de l'industrie des abeilles.

Vous vous rappelez, Monsieur, les preuves que je vous ai Données de l'aversion qu'ont les reines les unes contre les autres, des combats qu'elles se livrent, et de l'acharnement avec lequel elles cherchent à se détruire. Lorsqu'il y a plusieurs nymphes royalesdans une ruche, celle qui se transforme la première eu reine se jette sur les autres et les perce à coups d'aiguillon. Or, elle n'y léussiroit pas si ces nymphes étoient enveloppées d'une coque complète. Pourquoi? parce que la soie que filent les vers est forte, que la coque est d'un tissu serré, et que l'aiguillon ne pénétreroit pas; ou s'il y pénétroit, la reine ne pourroit point l'en retirer, parce que les barbes du dard s'arrêteroient dans les mailles de cette coque; et elle pérîroit elle-même victime de sa propre fureur. Ainsi donc, pour qu'une reine parvînt à tuer ses rivales dans leurs cellules, il falloit qu'elle y trouvât leurs parties posterieures à découvert; les vers *royaiÀx* ne devoient donc se filer que des coques incomplètes: remarquez, je vous prie, que c'etoient bien leurs derniers anneaux qu'ils devoient laisser à nud; car c'est la seule pallie de leur corps que l'aiguillon puisse attaquer; la tête et le thorax sont revêtus de lames écailleuses continues que cette arme ne pénètre point.

Jusqu'ici, Monsieur, les observateurs nous avoient fait admirer la nature, dans les soins qu'elle s'est donnée pour la conservation et la multiplication des espèces, mais dans le fait que je raconte, il faut admirer encore les précautions qu'elle a prises pour exposer certains individus à un danger mortel.

-Les details où je viens d'entrer indiquent donc clairement la cause finale de l'ouverture que les vers *royaux* laissent à leurs coques; mais ils ne nous montrent pas si c'est pour obéira un instinct particulier qu'ils laissent cette ouverture, ou bien parce que l'évasement de leurs cellules ne leur permet pas de tendre des fils dans la partie supérieure. Cette question m'intéressoit beaucoup. Le seul moyen de la décider étoit d'observer les vers pendant qu'ils filent; mais on ne le pouvoit pas dans leurs cellules opaques: j'imaginai donc de les en déloger, et de les introduire dans des portions de tubes de verre, que j'avois fait souffler de manière à imiter parfaitement la forme des différentes sortes d'alvéoles. Le plus difficile étoit de les tirer de leur habitation, et de les placer dans ces nouveaux domiciles. Burnens fit cette opération avec beaucoup d'adresse il ouvrit dans mes ruches plusieurs cellules royales fermées; il choisit le moment où nous savions que les vers alloient commencer leurs coques; il les prit délicatement, et sans qu'ils en souffrissent, il en introduisit un dans chacune de mes cet Iules de verre. Bientôt nous les y vîmes se préparer a l'ouvrage: ils commencèrent par étendre la partie antérieure de leur corps en ligne droite, en laissant roulée leur partie postérieure; celle-ci formait donc une courba dont les parois longitudinales de la cellule étoient les tangentes, et lui fournissoient deux points d'appui. Suffisamment sou- tenus dans cette situation, nous les vîmes approcher leur tête des difféiens points de la cellule auxquels ils pouvoient atteindre, et en tapisser la surface d'une soie épaisse. Nous remarquâmes qu'ils ne tendoient point leurs fils d'une parois a l'autre, et que même ils ne le pouvoient pas, parce qu'obligés pour se soutenir de tenir roulés leurs anneaux postérieurs, la partie libre et mobile de leur corps n'est plus assez longue pour que leur bouche puisse aller placer des fils sur les deux parois diamétralement opposées. Vous n'avez pas ou- Mie, Monsieur, que les cellules royales ont la forme d'une pyramide dont la base est assez large, assez évasée, et dont la' pointe est longue et raminice. Ces cellules sont placées verticalement dans les ruches, la base en haut, et la pointe en bas. Dan» cette position, vous comprenez que le ver royal ne peut se soutenir dans sa cellule, que lorsque la courbure de sa partie postérieure lui fournit deux points d'appui et qu'il ne peut trouver cet appui qu'autant qu'il reste dans la partie inferieure, ou vers l'a pointe. Si donc il vouloit monter pour filer vers le bout évasé de la cellule, il ne pourroit pas atteindre en même tems ses parois opposées, parce qu'elles seroient trop éloignées l'une de l'autre, il ne pourroit pas toucher d'une part avec sa queue et de l'autre avec son dos; il tomberont donc: je m'en suis assuré très-positivement, en plaçant quelques vers royaux dans des cellules vitrées trop larges, et dont le plus grand diamètre s'étendoit plus vers la poinle qu'il ne le fait dans les cellules ordinaires: ils n'ont pu s'y soutenir. Ces premières expériences ne me per mettaient pas de supposer un instinct particulier dans les vers royaux; elles me prouvoient que s'ils filent des coques incomplètes, c'est qu'ils y sont obligés par la forme de leurs cellules. Cependant je voulus avoir une preuve plus directe encore. Je fis placer des vers de cette même sorte dans des cellules de verre cylindriques, ou simplement dans des portions de tubes qui imitent les cellules ordinaires, et j'eus le plaisir de voir ces vers se filer, des coques complètes, aussi bien que le font les vers à!*ouvrières*.

Enfin, je plaçai des vers *communs* dans des cellules de verre fort évasées, et ils y laissèrent leur coque ouverte. Il est donc démontré que les vers *royaux* et les vers *(ouvrières* ont exactement le même instinct, la même industrie, ou en d'autres termes, que, placés dans les mêmes circonstances, ils se conduisent de la même manière. J'ajouterai ici que les vers ro)aux, logés artificiellement dans des cellules d'une telle forme qu'ils puissent filer des coques complètes, y subissent egalement bien toutes leurs métamorphoses. L'obligation que la nature leur a imposée de laisser une ouverture à leurs coques, n'est donc pas nécessaire à leur développement, elle n'a donc d'autre but que de les exposer au danger certain de périr sous les coups de leur ennemi naturel: observation neuve et vraiment singulière.

Pour achever l'histoire des vers d'abeilles, je dois rendre compte des expériences que j'ai faites sui le changement qu'apporte à leur taille la grandeur des cellules où ils vivent. C'est à vous, Monsieur, que je dois l'indication des expériences qu'il y avoit à faire sur cet inte'ressant sujet.

Comme il se trouve souvent, dans les ruches, des mâles plus petits que ne doivent l'être les individus de cette sorte, et quelquefois aussi des reines qui n'ont pas toute la grandeur qu'elles devroient avoir, il étoit curieux de déterminer en général jusqu'à quel point la grandeur des cellules dans lesquelles les abeilles *Tome I.* i5 Ont passé leur premier âge influe sur leur taille. C'est dans ce but que vous m'avez conseillé d'ôter d'une ruche tous les gâteaux composés de cellules communes, et de n'y laisser que ceux qui sont composés de grands alvéoles. Tl étoit évident que si les œufs d'abeilles communes, que la reine pondroit dans ces grandes cellules, donnoient naissance à des ouvrières d'une plus grande taille, il faudroit en conclure que la grandeur des alvéoles avoit une influence marquée sur celle des abeilles.

La première fois que je fis cette expérience elle n'eut pas de succès, parce que les teignes se mirent dans la ruche que l'y avois consacrée, et découragèrent mes abeilles: mais je la répétai ensuite, et le résultat en fut assez remarquable.

Je fis enlever dans l'une de mes plus belles ruches vitrées tous les rayons composés de cellules communes, je n'y laissai que les gâteaux composés de cellules a faux-bourdons, et afin qu'il n'y eut point Je place vacante, j'y en fis placer d'autres encore de la même sorte. C'étoit au mois îe Juin, c'est-à-dire, dans le tems d l'année le plus favorable aux abeilles. Jç m'attendois que ces mouches repareroient bien vîte le désordre que cettç opération avoit produit dans leur ruche, qu'elles travailleroient aux brèches que nous avions faites, qu'elles lieraient le? nouveaux rayons aux anciens, et je fuş très-surpris de voir qu'elles ne se meî toient point à l'ouvrage. Je les observai pendant quelques jours, dans l'espérancç qu'elles reprendroient de l'activité. Mais cette espérance fut encore trompée. Les abeilles ne cessoient pas, à la vérité, de rendre des *respects* à leur reine, mais à cela près leur conduite étoit absolu-ment différente de celle qu'elles ont à l'ordinaire: elles restoient entassées sur: les gâteaux sans y exciter de chaleur sensible; un thermomètre placé au milieu d'elles ne monte qu'à 22. quoiqu'il fût à 20 à l'air extérieur. En un mot, elles me paroissoient être dans le plus pror fond découragerm-nt.

La reine elle-même, qui étoit très-feconde, et qui devoit se sentir pressée du besoin de pondre, hésita long-tems avant de déposer ses œufs dans les grandes cellules; elle les laissoit tomber plutôt que de les pondre dans des alvéoles qui n'étoient point fait pour eux. Cependant, le second jour nous en trouvâmes six qu'elle y avoit déposés assez régulièrement. Trois jours après les vers en étoient éclos, et nous les suivîmes pour en connoître l'histoire. Les abeilles commencèrent par leur donner de la nourriture, elles n'étoient pas fort empressées dans ce travail, cependant je ne désespérai point qu'elles ne continuassent à les élever. Je me trompois encore, car dès le lendemain tous ces vers disparurent, et les cellules où nous les avions vus la veille étoient vides. Un morne silence régnoit dans la ruche, il n'en sortoit qu'un très-petit nombre d'abeilles, celles qui revenoient ne rapportoient pas de pelottes sur leurs jambes; tout étoit froid et inanimé. Pour leur redonner un peu de mouvement, j'imaginai de placer dans leur ruche un gâteau composé de petites cellules,. et rempli de couvain de mâles de tout âge. Les abeilles, qui s'étoient obstinées pendant douze jours à ne pas vouloir travaillee en cire, ne s'occupèrent point à souder ce nouveau rayon avec les leurs; cependant leur industrie se réveilla, et leur fit employer un procédé que je ne prévoyois point: elles se mirent à enlever tout le couvain qui étoit dans ce gâteau, elles en nettoyèrent parfaitement toutes les cellules, et les rendirent propres à recevoir de nouveaux œufs; je ne sais si elles avoient l'espérance que leur reine viendrait y pondre, mais ce qu'il y a de sûr, c'est que si elles s'en étoient flattées, elles ne se trompèrent point: de ce moment, la femelle ne laissa plus tomber ses œufs, elle vint se fixer sur le nouveau gâteau, et y pondit une telle quantité d'œufs, que nous en trouvâmes cinq ou six ensemble dans plusieurs cellules. Je fis enlever alors tous les gâteaux composés de grands alvéoles, pour mettre à leur place des rayons à petites cellules «t cette opération acheva de rendre à mes abeilles toute leur activité.

Les circonstances de ce fait me paroissent dignes d'attention; elles prouvent d'abord que la nature n'a pas laisse à la reine abeille le choix de la sorte d'œufs Qu'elle a à pondre; elle a voulu que dans ton certain tems de l'année cette femelle pondit des œufs de mâles, dans un autre tems des oeufs d'ouvrières, et elle ne lui à point permis d'intervertir cet ordre. Vous avez vu Monsieur, dans la troisième lettre, qu'un autre fait m'avoitdéjà conduit à la même consequence, et comme elle Ihe paroit fort importante, j'ai été charmé de la voif confirmée par une nouvelle observation. Je répète donc que les œufs ôe Sont pas mêlés indistinctement dans les ovaires de la reine, mais qu'ils ont été arrangés de manière à ce que, dan$ une Certaine saison, elle ne doit en pondre que d'une seule Sorte. Ce seroit donc en toin que dans le tems de l'année où cette reine doit pondre des œufs d'ouvrières, où voudroit la forcer à pondre des œufs de faux-bourdons en remplissant sa ruche de grandes cellules; car nous voyons pal: l'expérience que je viens de décrire » qu'elle aimera mieux laisser tomber ses œufs d'ouvrières au hasard que de les placer dans des alvéoles qui ne sont pas faits pour eux, et qu'elle ne pondra point d'œufs de mâles. Je ne me laisse' point aller au plaisir d'accorder à cette reine du discernement ou de la prévoyançç, car d'ailleurs j'apercois unfe sorte d'inconséquence dans sa conduite. Si elle se refusoit à pondre des œufe d'ouvrières dans de grandes cellules, parce que la nature lui a appris que la grandeur de ces berceaux n'est pas prc-portionnée à la taille ou aux besoins des vers communs, pourquoi ne lui auroit-elle pas également appris qu'elle ne devoit pas pondre plusieurs œufs dans le même alvéole? Il paroissoit bien p!us facile d'élever un seul ver d'ouvrière dans une grande cellule, que d'en élever plusieurs», de la même sorte dans un petit alvéole. Le prétendu discernement de la reine abeille n'est donc pas fort eclaire. Le trait d'industrie qui brille le plus ici, c'est celui des abeilles communes de cette ruche. Lorsque je leur donnai un rayon composé de petites cellules, rempli de couvain mâle, leur activité se réveilla; mais au lieu de s'appliquer aux soins ju'exigeoit ce couvain, comme elles s'en seroient occupées dans toute autre circonstance, elles détruisirent tous ces vers., toutes ces nymphs, nettoyèrent leurs cellules, afin que sans aucun retard leur reine tourmentée du besoin de pondre.pût y venir déposer ses œufs. Si on pouvoit leur supposer du raisonement ou du sentiment, ce fait seroit une preuve intéressante de leur affection pour leur femelle.

L'expérience dont je viens de vous donner le long détail n'ayant pas rempli le but que je me proposois, de déterminer l'influence qu'a la grandeur des, cellules sur la taille des vers qui naissent, j'imaginai une autre expérience qui fut plus heureuse.

Je choisis un gâteau de grandes cellules qui contenoient des œufs et des vers de mâles. Je fis enlever tous ces vers de dessus leur bouillie, et Burnens mit à leur place des vers âgés d'un jour, pris dans des cellules d'ouvrières, puis il donna ce gâteau à soigner aux abeilles d'une ruche qui avoit sa reine. Les abeilles n'abandonnèrent point ces vers *déplacés,* elles fermèrent les cellules qui les contenoient d'un couvercle presque plat, clôture bien differente de celle qu'elles placent sur les cellules de mâles; ce qui prouve, pour le dire en passant, que quoique ces vers habitassent de grands alveoles, elles avoient fort bien distingué qu'ils n'étoient pas des vers de fauxbourdons. Ce gâteau resta dans la ruche pendant huit jours, à dater du moment où les cellules furent fermées. Je le fis enlever ensuite pour visiter les nymphes qu'il contetioit. C'étoient bien des nymphes d'ouvrières, elles nous parurent plus ou moins avancées; mais pour la grandeur et poui la forme elles étoient toutes parfaitement semblables à celles qui prennent leur accroissement dans les plus petites cellules. J'en conclus que les vers d'ouvrières ne prennent pas plus d'extension dans les grands alvéoles que dans les petits. J'ajouterai même, que quoique je n'aie fait cette expérience qu'une seule fois, elle me paroit décisive. La nature qui a appelé les ouvrières à vivre sous leur forme de ver, dans des cellules d'une certaine dimension, a voulu sans doute qu'elles y reçussent tout le développement auquel elles devoient parvenir, elles y trouvent tout l'espace qu'il faut pour la parfaite extension de tous leurs organes: un plus grand espace leur seroit donc inutile à cet égard; elles ne doivent donc pas prendre une taille plus grande dans les cellules plus spacieuses que celles qui leur sont destinées. S'il se trouvoit dans les gâteaux quelques cellules plus petites que les cellules communes, et que la reine y pondît des œufs d'ouvrières, il est vraisemblable que les abeilles qui y seraient élevées n'y acquer roient qu'une taille inferieure à celle des abeilles communes, parce qu'elles y seroient gênées; mais il ne résulte pas de là qu'un alvéole plus élargi doive leur donner une taille extraordinaire.

L'effet que produit, sur la grandeur des faux-bourdons, le diamètre des cellules où ils vivent sous la forme de ver, peut nous servir de règle pour juger de ce qui doit arriver aux vers d'ouvrières dans les mêmes circonstances. Les grandes Cellules de mâles ont tout l'espace nécessaire pour la parfaite extension des organes propres aux individus de cette sorte. Si donc on élevoit des mâles dans des alvéoles plus grands encore que ceux-là, ils n'y prendroient point une taille supérieure à la grandeur ordinaire des fauxbourdons. Nous en avons la preuve dan, ceux qui sont engendrés par les reines dont la fécondation a été retardée. Vous vous rappelez, Monsieur, que ces reines pondent quelquefois des œufs de mâles dans les cellules royales: or les fauxbourdons provenus de ces œufs, et élevés dans ces cellules bien plus spacieuses que ne le sont celles que la nature leur destine ordinairement, ne sont pourtant pas plus grands que les mâles ordinaires. Il est donc vrai de dire que, quelle que soit la grandeur des alvéoles où les vers d'abeilles seront éIevés, ils n'y acquerront pas une taille supérieure à celle qui est propre à l'espèce; mais, s'ils vivent sous leur première forme dans des cellules plus petites que celles où ils doivent être, comme leur accroissement y sera gêné, ils ne parviendront pas à la taille ordinaire.

J'en ai acquis la preuve par le résultat de l'expérience suivante. J'avois un gâteau tout composé de cellules de grands fauxbourdons, et un gâteau de cellules d'ouvrières, qui servoient également de berceaux a des vers de mâles. Burnens prit dans les plus petites cellules un certaia nombre de vers., et les plaça dans les grandes sur le lit de gelée qui y avoit été préparé: réciproquement, il introduisit dans les petites cellules des vers éclos dans les plus grandes, et il donna ces vers à soigner aux ouvrières d'une ruche dont la reine ne pondoit que des oeufs de mâles. Les abeilles ne *s'inquiétèrent* point de ce déplacement, elles soignèrent également bien tous les vers, et quand ils furent arrives au terme de leur me'tainorphose, elles donnèrent aux petites comme aux grandes cellules ce couvercle bombé qu'elles placent ordinairement sur les berceaux de mâles. Huit jours après nous enlevâmes ces gâteaux, et nous trouvâmes, comme je m'y attendois, des nymphes de grands fauxbourdons dans les grandes cellules, et des nymphes de petits mâles dans les cellules plus petites.

Vous m'aviez indiqué, Monsieur, une autre expérience que j'ai faite avec soin, mais qui a rencontré dans l'exécution des difficultés que je ne prévoyois pas. Pour apprécier le degré d'influence que peut avoir la bouillie royale sur le développement des vers, vous m'aviez chargé d'enlever un peu de cette bouillie avec *la,* pointe d'un pinceau, et d'en alimenter un ver d'ouvrière qui se trouveroit placé, dans une cellule commune. J'ai tenté deux fois cette opération sans succès, et je me suis même assuré que jamais elle ne pourroi t réussir; voici pourquoi.

Lorsque les abeilles ont une reine, et qu'on leur donne à soigner des vers dans les cellules desquels on a mis de la bouillie royale, elles enlèvent très-vite ces vers, et mangent avidement la bouillie sur laquelle on les avoit placés. Quand au contraire elles sont privées de reine, elles convertissent les cellules communes dans lesquelles sont ces vers, en cellules royales de la plus grande sorte; alors les vers qui rie devoient se transformer qu'en abeilles communes deviennent infailliblement de véritables reines.

Mais il y a un autre cas dans lequel nous pouvons juger de l'influence de la bouillie royale, administrée à des vers placés dans des cellules communes. Je vous en ai exposé fort au long les détails dans ma lettre sur l'existence des *ouvrières fécondes.* Vous n'aurez point oubliez, Monsieur, que ces ouvrières devoient le développement de leurs organes sexuels à quelques perlions de gelee royale, dont elles avoient été nourries sous leur forme de ver. Faute de nouvelles observations plus directes sur ce sujet, je renvoie aux expériences décrites dans la cinquième lettre.

Recevez l'assurance de mon respect. /X/.

NEUVIÈME LETTRE.
Sur la formation des essaims.
Fregny, le 6 Septembre 1791
Monsieur,

J E puis ajouter quelques faits aux connoissances que M, de Réaumur nous a données sur *la formation des essaims.*

Ce célèbre naturaliste dit, dans son histoire des abeilles, que c'est toujours, ou presque toujours, une jeune reine qui se met à la tête des essaims; mais il ne l'a point affirmé positivement j il lui restoit quelques doutes; voici scs propres paroles: « Est-il bien sûr, comme nous l'avons » supposé jusqu'ici, avec tous ceux qui" » ont parlé des abeilles, que ce soit tou» jours une jeune mère qui se mette à la » tête de la colonie? La vieille mère ne » pourroit-elle point prendre du dégoût » pour son ancienne habitation? Enfin

» ne pourroit-elle pas être détermine'e » par quelques circonstances particulières » a abandonner toutes ses possessions à la » jeune femelle? Je serois en etat de satis» faire à cette question, autrement que » par des vraisemblances, sans les con» tretems qui ont fait perir les mouches » des ruches, a la mère de chacune des» quelles j'avois mis une tache rouge sur » le corselet. »...

Ces expressions semblent indiquer que M. de Réaumur soupconnoit les vieilles mères abeilles de se mettre quelquefois à la tête des essaims. Vous, verrez, Monsieur, par les détails où je vais entrer, que ce soupcon étoit parfaitement juste. i

Une même ruche peut jeter plusieurs essaims pendant le cours du printems et de la belle saison. La vieille reine est toujours à la tête de la première colonie qui sort; les autres sont conduites par les jeunes reines. Tel est le fait que je prouverai dans cette lettre; il est accompagné de circonstances remarquables dont je ne négligerai point de donner ici l'histoire., *Tomél.* 16

Mais avant d'en commencer le récit, je dois répéter ce que j'ai déjà bien dit des fois, c'est que, pour voir bien ce qui est relatif à l'industrie et à l'instinct des abeilles, il faut se servir ou de nos *ruches en feuillets,* on de nos ruches les plus plattes. Lorsqu'on laisse à ces mouches la liberté de construire plusieurs rangs de gâteaux parallèles, on ne peut plus observer ce qui se passe, à tout instant, entre ces gâteaux; ou si l'on veut examiner ce qu'elles y ont construit, on est obligé de les en chasser par le moyen de l'eau ou de la fumée, procédé violent qui ne laisse rien dans l'état de nature, qui dérange pour longtems l'instiuct des abeilles, et expose par conséquent l'observateur à prendre de simples accidens pour des lois constantes.

Je viens maintenant aux expériences qui prouvent qu'une vieille reine conduit toujours le premier essaim de l'année.

J'àvois une ruche vitrée composée de trois gâteaux parallèles, placés dans des cadres qui pouvoient s'ouvrir comme les C feuillets d'un livre î la ruche étoit bien peuplée, et pourvue aboadamraent de miel, de cire brute et de couvain d» tout âge. Je lui ôtai sa reine le 5 Mai 1788: le 6 j'y fis entrer toutes les aWvUes d'une autre ruche, avec une reine feconde et âgée pour le moins d'un an. Elles entrèrent Sans difficulté et sans combat, et furent eu général bien reçues. Les anciennes habitantes de la ruche, qui depuis la pri-» Vation de leur reine avoient déjà corn-» mencé douze cellules royales, accueil-» îirent aussi parfaitement la reine féconde que nous leur donnâmes; elles lui offrirent du miel; elles formèrent autour d'elle de» cercles réguliers; cependant, il y eut dans la soirée un peu d'agitation; mais qui se borna à la surface du gâteau sur laquelle nous avions placé la reine, et qu'elle n'avoitpas quitté. Tout rcsta parfaitement calme sur Vauire surface du mérn« gâteau» Le 7 au jnaatin, les abeilles avoieut détruit leurs douze premières cellules royales. L'ordre continuoit Bailleurs k dans k ruche; la reine y pondok alternativement des oeufs de mâles dans les grands alvéoles, et des oeufs d'ouvrières dans les petites cellules.

Vers le 12, nous trouvâmes nos abeilles occupées à construire vingt-deux cellules royales de l'espèce de celles que décrit M. de Réaumur, c'est-à-dire, qui n'ont point leurs bases dans le plan du gâteau; mais qui sont suspendues par des pédicules plus ou moins longs, en manière de stalactites, sur les bords des chemins que les abeilles se pratiquent dans l'épaisseur des gâteaux. Elles ne rcssembloient pas mal au calice d'un gland, et les plus longues n'avoient guères que deux lignes et demies depuis leurs fonds jusqu'à leurs orifices..

Le i3, le ventre de la reine nous parut déjà plus aminci qu'au moment où elle fut introduite dans notre ruche: cependant elle pondoit encore quelques œufs, soit dans les cellules communes, soit dans les cellules de mâles. Nous la surprîmes aussi ce même jour, au moment où elle pondoit dans une des cellules royales:, elle en delogea d'abord l'ouvrière qui y travailloit, en la poussant avec sa tête; puis, . après en avoir examiné le fond, elle y introduisit son ventre, en se tenant accrochée avec ses jambes antérieures sur une des cellules voisines.

Le 16, l'amincissement de la reine étoit bien plus marqué encore: les abeilles ne r cessoient de soigner les cellules royales, qui étoient toutes inégalement avancées: quelques-unes ne s'élevoient qu'à trois ou quatre lignes, tandis que d'autres avoieut déjà un pouce de longueur,' ca qui prouve que la reine n'avoit pas pondu dans toutes ces cellules à la même date, Le 19, au moment où nous nous y attendions le moins, cette ruche jeta ua essaim; nous n'en fûmes avertis que par le bruit qu'il fît en l'air: nous nous pres« sâmes de le recueillir, et nous le plaçâmes dans une ruche préparée quoique nous eussions manqué les circonstances du départ, l'objet particuliev de cette expérience fut néanmoins parfaitement rempli; car en examinant toutes les mouches de Tes;?aim, nous nous convainquîmes qu'il avoit été conduit par la vieille reine, par Celle que nous avions introduite le 6 du jnois, et que pous avions rendue toujours reconnoissable par l'amputation d'une antenne. Bemarqnez qu'il n'y avoit au £une autre reine dans cette colonie. Nous visitâmes la ruche dont elle «toit sortie; nous y trouvâmes sept cellules royales, fermées à la pointe, mais ouvertes suv le côté et parfaitement vides; il y en fivoit onze autres entièrement fermées, et quelques-unes nouvellement commen cées; d'ailleurs il ne restait aucune reine lans cette ruche.

L'essaim nouveau devînt ensuite l'objet de notre attention: nous l'observâmes pen dant le reste de l'année, l'hiver et le printems suivant, et nous, eûmes, au mois d'Avril le plaisir de voir sortir, à la tête d'uq essaim, cette rnêm.e reine qui, au mois îe Mai de l'année précédente, avoit con it celui dont je viens de vous parler-, Yqus voye?, Monsieur, que cette ex- rien.ce; et positive Îqus «qus, somme servis d'une vieille reine; nous l'aront placée dans notre ruche vitrée, dans lé tems de sa ponte de mâles; nous avon» vu les abeilles la bien recevoir, et choisie cette même époque pour construire des cellules royales. La reine a pondu dan$ une de ces cellules sous nos yeux, et est sortie enfin de cette ruche à la tête d'un essaim.

Cette observation, nous l'avons répéte'U plusieurs fais avec le même succès. II nous paroît donc incontestable que c'est toujours la vieille reine qui conduit hors d,e la ruche le premier essaim; mais elle ne la quitte qu'après avoir déposé dans les cellules royales des œufs dont il sortira d'autres rciaes après son départ. Lesabeilles ne préparent ces cellules que lorsqu'elles voient leur reine occupée de sa ponte de mâles, et ceci est accompagné d'une circonstance très-remarquable, c'est qu'apre» avoir fait cette ponte, le ventre de la reine est sensiblement diminué; elle peut voler facilement, tandis qu'avant de pondre leg mâles., sou ventre est si pesant qu'elle peu a peine s»-traîner. Il falloit donc qu'elle lés pondit pour Se trouver en etat d'entreprendre un voyage qui quelquefois peut être assez long.

Mais cette condition seule ne suffit pas: il faut encore que les abeilles soient en îgrand nombre dans la ruche; il faut Qu'elles y surabondent pour qu'il se forme un essaim, et on diroit que ces mouches 4e savent; car si leur ruche est mal peuplée, elles ne construiront point d« cellules royales au moment de la ponte des mâles, qui est la seule epoque de l'année où la vieille reine puisse conduire «une colonie. Nous en avons acquis la preuve dans le résultat d'une expérience faite très-en grand.

Le 3 Mai 1788, nous divisâmes en deux dix-huit ruches, dont les reines avoient toutes environ «n an; ainsi chacune des parties de ces ruches n'avoit plus que la moitié des abeilles qui composoient chaque peuplade avant la division: dix-huit demihuches se trouvèrent sans reines; mais 'dans l'espace de dik ou quinze jours les abeilles réparèrent cette perte, et se procurèrent des femelles: les dix-huit autres parties avoient conservé les reines, qui étoient très-fecondes. Ces reines ne tardèrent pas à commencer leurs pontes de mâles; mais les abeilles qui se voyoient en petit nombre, ne construisirent point de cellules royales, et aucune de ces ruches ne donna d'essaim. Si donc la ruche dans laquelle se trouve la vieille reine n'est pas très-peuplée, elle y reste jusqu'au printems suivant; et si, à cette nouvelle époque, la population est suffisante, les abeilles prépareront des cellules royales, dès que leur reine commencera sa ponte de mâles; celle-ci y déposera ses œufs, et sort/Va à la tête d'une colonie, avant la naissance des jeunes reines.

Tel est, Monsieur, fort en abrégé, le précis de mes observations sur les essaims que conduisent les vieilles reines: pardonnez-moi d'avance la longeur des détails ''ou je vais entrer sur l'histoire des cellules royales, que celte reine laisse dans la ruche au moment de son. départ. Tout ce qui *est* relatif à cette partie de la science des abeilles étoit jusqu'à présent fortobscur; il m'a fallu une longue suite d'observations, continuees pendant plusieurs années, pour souleveе un peu le voile qui couvroit ces mystères: j'en ai été dédommagé, il est vrai, par le plaisir de voir mes expériences se confirmer réciproquement; mais ces recherches, vul'assiduiié qu'elles exigeoient, étoient devenues réellement très-pénibles,

Après avoir constaté, en 1788 et en 1789, que les reines âgées d'un an eonduisoicnt les premiers essaims, et qu'elle laissoient dans la ruche des vers, ou des» nymphes, qui devoient se métamorphoser en reines à leur tour, j'entrepris en 1790 de profiter de la beauté du primeras, pour observer tout ce qui a rapport à ces jeunes reines; je vais extraire de mes journaux mes principales expériences.

Le i4 Mai, nous introduisîmes dana une grande ruche vitrée, très-plaie, lea abeilles de deux paniers, en ne leur destinant qu'une seule reine, qui étoit J'aunée d'auparavant; et qui, dans s'a ruche natale, avoit déjà commence sa ponte de mâles,

Le j5, nous fîmes entrer celte reine dans la ruche: elle étoit très-feconde; elle fut fort bien reçue, et commença trèsvite à pondre alternativement dans les cellules communes, et dans les grands alvéoles.

Le 20, nous trouvâmes les fondemens de seize cellules royales: elles étoient toutes placées sur les bords de ces chenains que les abeilles pratiquent dans IVpaisseur de leurs gâteaux, pour passer d'une surface à l'autre: leur forme étoit en manière de stalactites,

Le 27, dix de ces cellules étoient fort agrandies, mais inégalement; et aucune n'avoit la longeur que les abeilles leur donnent lorsque les vers sont éclos.

Le 28, la reine n'avoit cesse de pondre jusqu'à ce jour: sou ventre étoit fort rajninci, mais elle çommencoit à s'agiter. Bientôt sa démarche devint plus vivo; ce-= pendant elle exa,mjno.U encore les cellules, comme lorsqu'elle veut y déposer ses œufs: quelquefois elle y faisoit entrer la moitié de son ventre, puis l'en retiroft brusquement sans y avoir pondu; d'autres fois, ne s'y enfonçant pas davantage, elle y déposoit un œuf, qui se trou voit alors placé fort irrégulièrement; iln'étoit point fixé par l'un de ses bouts au fond de la cellule, mais il étoit couché au milieu d'un des pans de l'hexagone. La reine en courant ne produisoit aucun son distinct, et nous n'entendions rien qui fut différent du bourdonnement ordinaire des abeilles; elle passoit sur le corps de celles qui sç trouvoient sur sa route; quelquefois,, lorsqu'elle s'arrêtoit, les abeilles qui la rencontroient s'arrêtoient aussi, comme pour la regarder; elles s'avançoient brusquement vers cette reine, la frappoient de leur tête et montoient sur son dos; elle partoit alors, portant en croupe quelques-unes de ses ouvrières; aucune ne lui dotmoit du miel, mais elle en prenoit elle-même dans les cellules ouvertes qui se trouvèreut sur sa route; on ne lui horlottes de pollen qu'elles portaient à leur» jambes, et couraient aveuglément. Enfin, dans un moment, toutes les mouches sa précipitèrent vers les portes de la rucha et leur reine avec elle

Comme il m'importoit beaucoup de revoir la formation de nouveaux essaims dans cette même ruche, et que par cou séquent je désirois qu'elle restât trèspeuplée, je fis enlever la reine à l'instant où elle sortoit, afin que les abeilles ne s'eloignassent pas trop, et pussent rentrer En effet, dès qu'elles eurent perdu leur femelle, elles revinrent elles-mêmes se placer dans la ruche. Pour augmenter encore plus la population, je leur joignis un autre essaim qui étoit sorti d'une ruche en panier, dans la même matinée $ et dont je fis pareillement enlever la reine.

Tous les faits que je viens de racontee étoient bien positif, et d'ailleurs ne païoissent nullement susceptibles d'équivoque: cependant je voulus les revoir encore; j'étois surtout curieux de savoir si les vieilles reines se conduisoient toujours de la même manière. Je me déterminai donc à faire replacer, dans cette même ruche vitrée, une reine âgée d'un an, que j'avois observée jusqu'alors, et qui venoit de commencer sa ponte de mâles. Elle y fut introduite le 29. Ce même jour, nous trouvâmes qu'une des cellules royales, que h précédente reine avoit laissée, étoit plus grande que les autres; et à sa longueur nous jugeâmes que le ver qui y étoit renfermé avoit deux jours. L'œuf dont il sortoit avoit donc été pondu le a4, par la précédente veine j le ver en étoit éclos le 27. Le 3o, la reine pondoit beaucoup, alternativement dans les grands et les petits alvéoles. Ce même jour et les deux suivans, les abeilles agrandirent plusieurs de leurs cellules royales, mais inégalement; ce qui prouve qu'elles renfermoient des vers de differens âges.

Le i." Juin il y en eût une de fermée; le a, il y en eût une autre. Les abeille eu commencèrent aussi plusieurs uouyelles. A onze heures du matin, tout étoit encore parfaitement tranquille dans la ruche; mais à midi, la reine passa tout-à-coup de l'etat le plus calme à une agitation très-marquée, qui gagna insensiblement les ouvrières, dans toutes les parties de leur domicile. Quelques minutes après, elles se précipitèrent en. foule vers les portes et sortirent avec leur reine: elles se fixèrent sur une branche d'arbre du voisinage; j'y fis chercher et enlever la reine, afin que les abeilles en. etant privées, rentrassent dans la ruche, et effectivement elles ne tardèrent pas à s'y replacer. Leur premier soin parut être d'y chercher leur femelle: elles étoient J t encore fort agitées, mais peu-à-peu elles se calmèrent, et à trois heures tout étoit tranquille et bien ordonné.

Le 3, elles avoient repris tous leurs travaux ordinaires: elles soignoient leurs petits, travailloient dans l'intérieur des cellules royales ouvertes, et rendoient aussi quelques soins à celles qui étoient fermées: elles les guillochoieut, non eu y appliquant des cordons de cire, mais en en ôtant au contraire de dessus leurs surfaces: ce guillochis est presque im perceptible vers la pointe de la cellule, il devient plus profond au-dessus,. et Depuis; là jusqu'au gros jDout de la pyramide, les ouvrières le creusent toujours plus profondément. La cellule, une fois fermée, devient ainsi plus mince, et elle l'est tellement dans les dernières heures qui précèdent la métamorphose de la nymphe en reine, qu'on peut voir tous ses mouvemens à travers la légère couche de cire qui sert de fond aux guillochis, pourvu toutefois qu'on place ces cellules entre l'œil et la lumière cu soleil. Ce qu'il y a d'assez remarquable, c'est qu'eu amincissant ces cellules depuis le moment où elles sont fermées, les abeilles savent modérer ce travail de manière qu'il ne soit achevé que lorsque la nymphe est prête a subir sa dernière métamorphose: au septième jour, l'extrémité de la coque est presqu'entièremeflt, *dé-, cirée*, si je puis me seivir de ce mot J *Tome L* 17 itîssi est-ce dans cette parlié que sont *la* (ète elle corselet de la reine. Le déchirement de la coque facilite sa sortie, ëa ne lui laissant que la peine de couper *la..* soie dont elle est tissue. Il est très-viaisemblable que ce travail est destiné à favoriser l'évaporation de l'humeur surabondante de la nymphe royale, et que les abeilles savent le graduer, et le proportionner suivant l'âge et l'état de la nymphe. J'ai entrepris quelques expériences directes sur ce sujet; mais elles ne sont pas achevées. Ce même jour du 3 Juin, nos mouches fermèrent une troisième cellule royale, vingt-quatre heures après avoir 4èrmé la seconde. Les jours suivans, la même opération se fit successivement sur plusieurs autres cellules. Le 7, nous attendions à tout moment de voir sortir une reine de la cellule foyale qui avoit été fermée le 3ô Mai. Dès la veille, cette reine étoit arrivée à son terme, ses sept jours étoient accomplis. Le guillochis de sa cellule étoit si approfondi, que nous apercevions un peu ce qui se passoit dans l'intérieur J nous pouvions distinguer que la soie dé la coque étoit coupée circulairement $ une ligne et demie au-dessus de la pointe £ mais comme les abeilles n'avoient pa voulu que cette reine sortit encore, elles à voient solide le couvercle contre la cel Iule avec quelques particules de cire. Ce qui nous parut alors fort singulier, c'est que cette femelle rendoit dans sa prison une espèce de son, un claquement fort distinct: le soir ce chant étoit encore plus particularisé, il étoit composé de plusieurs notes sur le même ton, et qui se suivoient rapidement.

Le 8, nous entendîmes le même chant dans la seconde cellule. Plusieurs abeilleâ Faisoient la garde autour de chaque cellule royale.

Le g, la première cellule s'ouvrit. La jeune reine qui en sortit étoil vive, sa taille effilée, sa couleur rembrunie; nous comprîmes alors la raison pour laquelle les abeilles retiennent captives, au-delà de leur terme, les jeunes femelles leurs alvéoles: c'est afin qu'elles soient en état de voler dès l'instant où elles en Sortent. La nouvelle reine devint l'objet de toute notre attention: dès qu'elle passoit près des cellules royales, les abeilles qui les gardoient la tirailloient, la mordoient et la chassoient; elles sembloient fort acharnées contr'elle, et ne lui laissoient quelque tranquillité que lorsqu'elle étoit fort éloignée de toute cellule royale. Ce manège se répéta très-fréquemment dans la journée; elle chanta deux fois: lorsque nous la vîmes produire ce son, elle étoit arrêtée, son corselet appuyoit contre le gâteau, ses ailes étoient croisées sur son dos, elle les agitoit sans les décroiser et sans les ouvrir, davantage. Quelle que fût la cause qui lui faisoit choisir cette attitude, les abeilles en paroissoient affectées, toutes baissoient alors la tête et restoient immobiles.

Le lendemain, la ruche présentoit les mêmes apparences, il y restoit encore vingt-trois cellules royales, qui étoient toutes assidûment gardées par un grand nombre d'abeilles. Dès que la reine s'en approchoit, toutes ces gardes s'agîtoient, l'euvironnoienl, la mordoient, la houspilloient de toutes les manières, et finis soient ordinairement par la chasser quelquefois elle chantoit dans ces circonstances, en reprenant l'attitude que j'ai de'crite tout-à-l'heure, et de ce moment les abeilles devenoient immobiles. La reine emprisonnée dans la cellules N. 2 n'étoit point sortie encore; nous l'entendîmes chantera differentes reprises. Nous vîmes aussi par hasard la manière dont les abeilles la nourrissoîent. En l'examinant attentivement, nous remarquâmes une petite ouverture dans la partie du bout de la coque que cette reine avoit coupée, au moment où elle auroit pu sortir, et que ses gardes avaient recouverte de cire pour la retenir prisonnière. Par cette fente elle faisoit sortir et rentrer alternativement sa trompe: les abeilles ne virent pas d'abord ce mouvement; mais enfin l'une d'elles l'aperçut, et vint appliquer sa bouche sur la trompe de là reine captive; puis elle fit place à d'autres, qui vinrent également s'en approcher pour lui donner du miel. Quand elle fut bien rassasiée, elle retira sa trompe, et les abeilles rebouchèrent avec de la cire l'ouverture par laquelle elle l'avoit fait sortir.

Entre midi et une heure, ce même jour, la reine devint fort agitée. Les cellules royales de sa ruche étoient fort multipliées; elle ne pouvoit aller nulle part sans en rencontrer quelqu'une, et dès qu'elle en appi ochoit, elle étoit fort maltraitée; elle fuyoit ailleurs, où elle ne trouvoit pas un meilleur accueil. Ses courses agitèrent enfin les abeilles; elles restèrent pendant long-tems dans la plus grande confusion; puis elles se précipitèrent vers les portes de la ruche, sor. tirent et allèrent se placer sur un arbre du jardin. Ce qu'il y eût de singulier, c'est que la reine ne pût pas les suivre, et conduire elle-même l'essaim: elle avoit voulu passer entre deux cellules royales avant que les abeilles en eussent abandonne la garde, et elle en fut tellement serrée et mordue, qu'elle ne pût se mouvoir. Nous l'enlevâmes alors, et nous la plaçâmes dans une ruche séparée pour une expérience particulière: les abeilles qui s'étoient formées en essaim, et qui étoient accumulées en grappe sur une branche d'arbre, reconnurent bientôt que leur reine ne les avoit pas suivies, et ejle rentrèrent elles-mêmes dans leur habitation. Telle fut l'histoire de la seconde; colonie de cette ruche.

Nous étions très-curieux de suivre ce que deviendraient les autres cellules royales: entre celles qui étoient fermées, il y en avoit quatre qui contenoient des reines parfaitement développées, et qui auraient pu sortir si les abeilles ne les en avoient empêché. Elles ne furent point ouvertes pendant le tems qui précéda l'agitation de l'essaim, ni dans l'instant du jet.

Le 11, aucune de ces reines n'étoit encore libérée: celle du N. 2 avoit dû subir sa transformation le 8; elle étoit donc prisonnière depuis trois jours; et par consequent la prison se prolongeoit plus que celle du N. i, qui avoit donné lieu a la forniation de l'essaim. Nous ne devinions pas la raison de cette différence dans la durée de la captivité.

Le i a cette reine fut enfin délivrée, nous la trouvâmes dans la ruche; elle y etoit traitée exactement comme sa devancière: les abeilles la laissoient tranquille lorsqu'elle étoit loin de toute cellule royale, et la tourmentoit cruellement lorsqu'elle en approchait. Nous observâmes assez long-tems cette reine: puis, ne prévoyant pas que, dès le même jour, elle dût emmener une colonie, nous perdîmes de vue pendant quelques heures notre ruche. Nous revînmes ensuite la visiter à midi, et nous fûmes très-surpris de la trouver presque abandonnée; elle avoit jeté pendant notre absence un essaim prodigieux qui étoit encore réuni, en forme d'une grappe très-épaisse, sur une branche de poirier dans le voisinage. Nous vîmes aussi avec étoa'qèmeaî que la cellule N, 3 etoit ouverte; le couvercle y tenoit encore comme par une charnière. Il y a toute apparence que la reine, qui y étoit captive, profita du tems de désordre qui précède le jet pour sortir. JSous ne doutâmes point alors que les deux reines ne fussent ensemble dans l'essaim j effectivement, nous les y trouvâmes l'une eC l'autre, et nous les enlevâmes afin que les abeilles rentrassent dans la ruche. Elles y rentrèrent aussitôt.

Tandis que nous etions occupes de cette opération, Ja reine captive dans la cellule N. 4, sortit de sa prison, et les abeilles l'y trouvèrent à leur retour. Elles furent d'abord assez agitées; mais elles se calmèrent vers le soir, et reprirent leurs travaux ordinaires; elles firent une sévère garde autour des cellules royales, et prirent grand soin d'en ecarter leur reine, dès qu'elle vouloit s'en approcher: il restoit en ce moment dix-huit de ces cellules fermées, et qu'il falloit garder.

A dix heures du soir, la reine prisonnière dans le N. 5, fut mise ca liberté il y eut donc alors deux reines vivantes dans la ruche: elles cherchèrent d'abord à se combattre; mais parvinrent à se dégager l'une.de l'autre: pendant la nuit elles se combattirent plusieurs fois, sans qu'il y eût rien de décisif: le lendemain, i3, nous fûmes témoins de la mort de l'une des deux, qui succomba sous les coups de l'autre. Les détails de ce duel furent absolument semblables à ce que j'ai raconté ailleurs sur les *combats des reines*.

Celle qui resta victorieuse nous donna, alors un spectacle assez singulier. Elle s'approcha d'une cellule royale, et prit ce moment pour chanter et pour se mettre dans cette attitude qui frappe les abeilles d'immobilité. Nous crûmes, pendant quelques minutes, que, profitant de l'effroi qu'elle inspiroit aux ouvrières, gardes de la cellule, elle parviendroit à l'ouvrir et à tuer la jeune femelle qui y étoit renfermée; aussi se mit-elle en devoir de monter sur la cellule j mais, en s'y préparant, elle cessa de chanter, et quitta cette attitude qui paralyse les abeilles: de ce moment les mouches gardiennes de la cellule reprirent courage; et à force de tourmenter et de mordre la reine qui les inquiétait, elles parvinrent a la chasseï fort loin.

Le i4, il sortit une reine de la cellule N.6; et vers les onze heures du soir la ruche jeta un essaim avec toutes les circonstances de désordre que j'ai décrites precédemment: l'agitation fut même si considérable, que les abeilles ne restèrent pas en nombre suffisant pour garder les cellules royales, et que plusieurs des reines qui étoient prisonnières parvinrent à les ouvrir, et à s'échapper: il y en avoit trois dans la grappe de l'essaim, et trois autres qui étoient restées dans la ruche: nous enlevâmes celles qui avoient conduit la colonie, afin d'obliger les abeilles à revenir.

Elles rentrèrent dans la ruche; elles reprirent leurs postes de gardes autour des cellules royales fermées, et maltraitèrent les trois reines libres qui vouloient s'en, approcher.

Dans la nuit du i4 au 16 il y eut un duel dont une de ces reines fut victime; nous la trouvâmes morte le matin sur le devant de la ruche; mais il en resta egalement trois vivantes ensemble; la troisième étoit sortie de sa cellule pendant cette même nuit. Dans la matinée du i5, nous fûmes témoins d'un duel entre deux de ces reines; et il n'en resta plus que deux libres à la fois: elles furent extrêmement agitées l'une et l'autre, soit par le désir qu'elles avoient de se combattre, soit par le traitement qu'elles éprouvèrent de leurs abeilles, lorsqu'elles ne se tenoient pas éloignées des cellules royales: bientôt leur agitalion se communiqua aux mouches de la ruche; et à midi elles sortirent impétueusement avec les deux femelles. Ce fut le cinquième essaim que cette ruche donna depuis le 3o Mai, jusqu'au i5 Juin. Elle en donna encore le 16 un sixième, dont je ne vous décrirai point les détails, parce qu'ils ne m'apprirent rien de neuf.

J'ajouterai que nous perdîmes maîheurreusement ce dernier essaim, qui étoit très-fort; les abeilles s'enfuirent à perle de vue, et nous ne les retrouvâmes point. La ruche resta alors fort mal peuplee; il n'y avoit plus que le très-petit nombre d'abeilles qui n'avoient pas participé à l'agitation au moment du jet, et celles qui revinrent de la campagne après que l'essaim fut sorti. Les cellules royales se trouvèrent depuis ce moment fort mal gardées, les reines qu'elles contenoient s'en échappèrent; il se donna entr'elles plusieurs combats, jusqu'à ce que le trône resta à la plus heureuse.

Malgré ses victoires, depuis le 16 jusqu'au 19, elle fut traitée par ses abeilles avec assez d'indifférence: c'est que, pendant ces trois jours, elle conserva sa "virginité. Enfin, elle sortit pour aller chercher les mâles, revint avec tous les signes extérieurs de la fécondation, et dès-lors elle fut accueillie avec toutes sortes de respects: elle pondit ses premiers œufs quarante-six heures après avoir ete fecondée.

Voilà, Monsieur, un compte simple et fidèle de mes observations sur la formation des essaims. Pour rendre ce récit plus net, je n'ai pas voulu l'interrompre par le détail de plusieurs expériences particulières que je fis en même tems, avec l'intention d'éclaircir diffe'rens points de cette histoire, qui restoient obscurs. Ce sera, si vous le permettez, le sujet des lettres suivantes. Malgré la longueur de mes relations, je ne désespère point de vous intéresser encore.

Agréez, Monsieur, l'assurance de mon respect.

.yU *P. S.* En relisant cette lettre, je m'aperçois, Monsieur, que j'ai laissé en arrière une objection qui pourroit embarrasser mes lecteurs, et à laquelle je ne dois pas négliger de répondre. Comme après les cinq premiers essaims dont je Viens de vous tracer l'histoire, j'ai toujours fait rentrer dans la ruche les abeilles qui en étoient sorties dans le moment du jet, il n'est pas surprenant que cette ruche se soit trouvée constamment assez peuplée pour que chaque colonie fût nombreuse; înais, dans l'état naturel, les choses ne se passent point ainsi; les abeilles qui composent un essaim ne rentrent point dans la ruche qu'elles viennent de quitter; et l'on me demandera sans doute quelle ressource de population met une ruche ordinaire en état de fournir trois ou quatre essaims, sans rester elle-même trop affoiblie.

Je ne veux point diminuer la difficulté: j'ai dit qu'en plusieurs cas l'agitation qui précède le jet est si considérable, que la plupart des abeilles quittent la ruche; et alors l'on a peine à comprendre que quatre ou cinq jours après, cette même ruche soit capable d'envoyer une autre colonie assez forte.

Mais, remarquez d'abord que la vieille reine, en la quittant, y laisse une quantité prodigieuse de couvain d'ouvrières. Ces vers ne tardent pas à se transformer en abeilles, et quelquefois la population est presqu'aussi grande après le premier essaim qu'elle l'étoit avant son depart. La, ruche est donc parfaitement en état de fournir une seconde colonie sans se trop depeupler. Le troisième et le quatrième essaim l'affoiblissent plus sensiblement j mais le nombre d'habitans qui y restent est presque toujours assez grand pour que les travaux ne soient pas interrompus: et ses pertes sont bientôt réparées par la grande fécondité des reines abeilles. Vous vous rappelez qu'elles pondent plus de cent œufs par jour.

Si, dans quelques cas, l'agitation du jet est assez vive pour que toutes les abeilles y participent et sortent à la fois, en laissant la ruche déserte, cette désertion ne dure qu'un instant: les essaims ne partent que dans les beaux momens du jour, et c'est à cette même époque que les abeilles sortent pour butiner dans la campagne; or toutes celles qui sont occupées au dehors à leurs diverses récoltes ne participent point à l'agitation du jet; quand elles reviennent à la ruche, elles y reprennent tranquillement leur travail: et leur nombre n'est pas petit; car lorsque le tems est beau, il y a au moins un tiers des abeilles de chaque ruchç qui vont; à la fois butiner dans la campagne.

Enfin, dans ce cas même qui paroît embarrassant, d'une agitation si vive que toutes les abeilles désertent la ruche, il s'en faut bien que toutes celles qui cherchent à sortir deviennent membres de la colonie. Quand cette agitation de de'h're les saisit, elles se précipitent et s'accumulent toutes à la fois vers les portes de la ruche, et là elles s'échauffent de telles manière qu'elles transpirent abondamment: les abeilles qui sont placées plus près du fond, et qui supportent le poids de toutes les autres, paroissent baignées de sueur; leurs ailes eu deviennent humides; elles ne sont plus capables de voler, et lors même qu'elles parviennent à s'échapper, elles ne vont pas plus loin que l'appui de la ruche, et ne tardent pas à y rentrer.

Les abeilles qui sont nouvellement sor-

Tornel. 18

tiës de leurs cellules ne partent point avec l'essaim: encore foibles,elles ne pourraient se soutenir au vol. Voilà bien des recrues pour repeupler cette habitation qu'on cioyoit deserte.

DIXIÈME LETTRE. *Continuation du même sujet.*
Pregny, le 8 Septembre 1791.
de mettre plus d'ordre dans la continuation de l' *histoire des essaims* , je

crois, Monsieur, qu'il est convenable de recapituler en peu de mots les principaux faits contenus dans la lettre precedente, et de donner sur chacun d'eux tous les developpemens qui resultent de plusieurs expériences nouvelles dont je n'ai point encore parlé.

Premier Fait. *Si l'on, observe , au retour du printems, une ruche bien, peuplée, et gouvernée par une reine. féconde, on verra cette reine pondre, dans le courant des mois d'avril eu de Mai, une quantité, prodigieuse d'oeufs de mâles; et les ouvrières c/zoz-, sironè ce moment pour construire plu sieurs cellules royales de l'espèce de celles que décrié M. de Réaumur.* Tel est le resultat de plusieurs observations loog-tems suivies, entre lesquelles il n'y a jamais eu la plus legère variété, et je n'hesite point à vous l'annoncer comme une vérite demontrée; mais je dois joindre ici une explication nécessaire.

Pour qu'une reine commence sa *grande* ponte de mâles, elle doit être âgée de onze mois: lorsqu'elle est plus jeune elle ne pond que des œufs d'ouvrières. Peut-être une reine née au printems pondra-t-elle dans le courant de l'été cinquante ou soixante oeufs de mâles en tout, mais pour qu'elle entreprenne *sa. grande* ponte d'ceufs de faux-bourdons, qui doit être d'un à deux mille, il faut qu'elle ait achevé son onzième mois. Dans la suite de nos expériences, qui ont plus ou moins dérangé le cours naturel des choses, il est arrivé très-souvent que les reines ne parvenoienl à cet âge qu'en Octobre j et dès ce moment, elles commencoient leurs '; pontes de mâles j les ouvrières choisissoient aussi cette époque pour bâtir des cellules royales comme si elles y étaient invitées par quelque émanation sortie de ces œufs. A la vérité il n'en résultait pas la: formation d'aucun essaim, parce qu'en automne toutes les circonstances qui y sont nécessaires manquent absolument; mais il n'en est pas moins évident qu'il y a une liaison secrète entre la ponte des œufs de mâles et la construction des cellules royales.

Cette ponte dure ordinairement trente jours. Le 20 ou le 21, a dater du moment où elle a commencé, les abeilles posent les fondemens de plusieurs cellules royales; elles en font quelquefois seize ou vingt, nous en avons vu jusqu'à vingt-sept. Dès que ces cellules ont atteint deux ou trois lignes de hauteur, la reine y pond des oeufs d'où doivent naître des mouches de sa sorte; mais elle ne les y pond pas tous le même jour: pour que la ruche puisse donner plusieurs essaims il importe que les jeunes femelles qui doivent les conduire ne naissent pas toutes à la même date; et l'on diroit que la reine le fait d'avance j car elle a grand soin de mettre au moins un jour d'intervalle entre chaque ceuf qu'elle pond dans ces differentes cellules. En voici la preuve: les abeilles sont instruites a fermer les alveoles au moment où les vers qu'ils contiennent sont prêts à se metamorphoser en nymphes; elles ferment à differentes dates toutes les cellules royales; il est donc évident que les vers qu'elles contiennent ne sont pas tous précisement du même âge.

Avant que la reine commence à pondre Ses œufs de faux-bourdons, son ventre est très-renflé; mais a mesure qu'elle avance dans cette ponte il diminue sensiblement, et lorsqu'elle est terminée il est fort aminci: elle se trouve alors en état d'entreprendre un voyage que les circonstances peuvent prolonger: cette condition e'toit donc nécessaire; et comme tout harmonise dans les lois de la nature, ce tems de la naissance des mâles s'accorde avec celui de la naissance des femelles qu'ils doivent féconder.

Second Fait. *Lorsque les vers éclos des œufs que la reine a pondus dans les cellules royales sont prêts à se transformer en nymphes, cette reine sort de la ruche en conduisant un essaim à sa suite: c'est une règle constante , que le premier essaim quune ruche jette au printems est toujours conduit par la vieille reine.* Je crois en pénétrer la raison': pour qu'il n'y eût jamais pluralite de femelles dans «ne ruche, la nature a inspire aux reines abeilles une horreur mutuelle les unes pour les autres: elles ne peuvent se rencontrer sans chercher à ee combattre et à se détruire. Or, lorsque les reines sont à peu près du même âge, la chance du combat est égale entr'elles, et le hasard décide à laquelle appartiendra le trône; mais si L'une des combattantes est plus âgée que les autres, elle. est plus forte, et l'avantage du combat lui restera; elle détruira successivement toutes ses rivales à mesure qu'elles naîtront. Si. donc la vieille reine u'étoit pas sortie avant la naissance des jeunes femelles, renfermées dans les cellules royales, elle auroit détruit toutes ces femelles au moment où elles auroient subi leur dernière transformation: la ruche n'auroit jamais pu donner d'essaims, et l'espèce des abeilles seroit périe. Il falloit, pour la conservation de l'espèce, que la vieille jeine conduisit elle-même le premier essaim. Mais quel est le moyen secret que la nature emploie pour la décider a partir? Je l'ignore.

Il est très-rare dans nos pays, cependant il n'est pas sans exemple, que l'essaim, conduit par une vieille reine, se peuple assez dans l'espace de trois semaines pour donner une nouvelle colonie, que cette même reine conduit encore: et voici comment cela peut arriver. La nature n'a pas voulu que la reine quittât sa première ruche avant d'avoir achevé sa ponte d'œufs de mâles; il falloit bien qu'elle se délivrât de ses œufs de faux-bourdons pour devenir plus légère*;* d'ailleurs, si en entrant dans un nouveau domicile, sa première occupation eût été d'y pondre encore des mâles , elle auroit pu périr par vieillesse ou par accident avant d'avoir de'posé des œufs d'ouvrières; les abeilles n'auroient eu alors aucun moyen de la remplacer, et la colonie se seroit detruite. Tous les cas ont été prévus avec une sagesse infinie. La première chose que font les abeilles d'un essaim, c'est de construire des cellules d'ouvrières: elles y travaillent avec beaucoup d'ardeur, et comme les ovaires de la reine ont eté arrangés avec une prévoyance admirable, les premiers oeufs qu'elle a à pondre dans sa nouvelle habitation sont des œufs d'ouvrières. Cette ponte dure ordinairement dix à onze jours; et pendant cet intervalle, les abeilles construisent des portions de gâteaux à grands alvéoles. On diroit qu'elles savent que leur reine pondra aussi des oeufs de faux-bourdons: effectivement elle recommence à en déposer quelques-uns, en beaucoup moindre nombre que la première fois, à la vérité *j* mais cependant en quantité suffisante pour que les abeilles soient encouragees a construire des cellules royales. Or, si dans ces circonstances le tems reste favorable, il n'est pas impossible qu'il se forme une seconde colonie, que la vieille reiue conduira encore trois semaines après avoir conduit le premier essaim. Mais, je le répète, cela est assez rare dans notre climat: je reviens à l'histoire de la ruche dont la reine mère a emmené la premier colonie.

TroisiÈme Fait. *Dès que l'ancienne reine a emmené son premier essaim, les abeilles qui restent dans la ruche soignent particulièrement les cellules royales, font autour d'elles une garde sévère, et ne, permettent aux jeunes reines qui y ont été élevées d'en sortir que successivement, à quelques jours de distance les unes des autres.* Je vous ai mandé, Monsieur, dans la lettre précédente, les détails et les preuves de ce fait: j'y ajouterai ici quelques réflexions. Dans le tems des essaims, la conduite ou l'instinct des abeilles paroît recevoir une modification particulière. En tout autre tems, lorsqu'après avoir perdu leur reine elles destinent à la remplacer plusieurs vers d'ouvrières, elles prolongent et agrandissent les cellules de ces vers; elles leur donnent une nourriture plus abondante et d'un goût plus relevé; et par ces soins, elles parviennent à transformer en reines des vers qui ne devoient naturellement devenir que des abeilles communes. Nous leur avons vu construire dans le même tems.vingt-sept cellules royales de cette sorte; mais lorsqu'une fois elles les ont fermées et achevées, elles ne cherchent plus à préserver les jeunes femelles qui y sont contenues des attaques de leurs ennemies. L'une de ces femelles sortira peut-être la première de son berceau et se jettera successivement sur toutes les cellules royales, qu'elle ouvrira pour y percer ses rivales, sans que les ouvrières s'occupent à les défendre, si plusieurs reines sortent à la fois, elles se chercheront, se combattront; il y aura plusieurs victimes, et le tr«n« restera à la femelle victorieuse. Bien loin que les abeilles témoins de ces duels cherchent à s'y opposer, elles paraîtront plutôt exciter les combattantes.

C'est tout autre chose dans le tems des essaims. Les cellules royales qu'elles construisent alors ont une forme différente des premières; elles les font en manière de stalactites; quand elles ne sont qu'ebauchees, elles ressemblent assez au calice d'un gland. Dès que les jeunes reines, qui y ont été élees, sont prêtes à subir leur dernière transformation, les abeilles font autour de ces cellules une garde assidue. La femelle, qui provient du premier œuf royal que l'ancienne reine a pondu, sort enfin de son berceau; les ouvrières la traitent d'abord avec indifférence; bientôt cette femelle cède à l'instinct qui la presse de détruire ses rivales; elle va chercher les cellules où elles sont renfermées; mais aussitôt qu'elle s'en approche, les abeilles la pincent, la tiraillent, la chassent, l'obligent à s'éloigner; et comme les cellules royales sont en grand nombre, à peine trouve-t-elle dans sa ruche un coin où elle soit tranquille. Sans cesse tourmentee par le desir d'attaquer les autres reines, et sans cesse repoussée, elle s'agite alors, traverse en courant les divers groupes que forment les ouvrières, et leur communique son agitation. En cet instant on voit un grand nombre d'abeilles se jeter vers les portes de la ruche; elles en sortent: leur jeune reine est avec elles; c'est une colonie qui va chercher ailleurs une autre habitation. Après leur depart, les ouvrières qui sont restees dans la ruche donnent la liberté à une autre reine, qu'elles traitent avec la même indifférence que la première, qu'elles chassent d'auprès des cellules royales, et qui se voyant perpetuellement croisée dans ses courses, s'agite, sort, et; emmène avec elle un nouvel essaim. Cettescène se répèle avec les mêmes circonstances trois ou quatre fois pendant le printems dans une ruche bien peuplée. A la fin, le nombre des abeilles se trouve tellement réduit, qu'elles ne peuvent plus faire autour des cellules royales une garde aussi sévère; plusieurs jeunes femelles sortent alors toutes à la fois de leur prison, elles se cherchent, se combattent, et la reine victorieuse dans tous ces duels règne paisiblement sur la république.

Les plus longs intervalles que nous ayons observes entre chaque essaim naturel ont été de sept à neuf jours; c'est pour l'ordinaire le tems qui s'écoule entre la première colonie que conduit la vieille reine, et l'essaim que conduit la première des jeunes femelles qui est mise en liberté; l'intervalle est moins long entre le second et le troisième; et le quatrième essaim part quelquefois le lendemain du troisième. Dans les ruches laissées à elles-mêmes, l'espace de quinze à dix-huit jours suffit pour le jet des quatre essaims, si toutefois le' tems est favorable, comme je vais l'expliquer.

On ne voit jamais se former d'essaim, que dans un beau jour, ou, pour parler plus exactement, dans un instant du jour où le soleil luit, et où l'air est calme. Il nous est arrive d'observer dans une ruche tous les signes avant-coureurs du jet, le désordre, l'agitation; mais un nuage passoit devant le soleil, et le calme renaissoit dans la ruche; les abeilles ne songeoient plus à essaimer. Une heure après, le soleil s'étant montré de nouveau, le tumulte recommençoit, il s'accroissoit très-rapidement, et l'essaim partoit.

Les abeilles paroissent, en général, craindre beaucoup l'apparence du mauvais tems. Lorsqu'elles butinent dans la campagne, la marche d'un nuage au-devant du soleil les fait rentrer precipitamment, et je serois porté à croire que c'est la diminution subite de la lumière qui les inquiete; car, si le ciel est uniformement couvert, s'il n'y a pas d'alternatives de çlaçté et d'obscurité, elles vont à la campagne faire leurs récoltes ordinaires, et les premières gouttes d'une pluie douce ne les font pas même revenir avec unef grande précipitation.

Je ne doute point que la nécessité de rencontrer un beau jour pour le jet d'un essaim ne soit une des raisons qui ont décidé la nature à donner aux abeilles le droit de prolonger la captivité de leurs jeunes reines dans les cellules royales. Je ne dissimulerai pas qu'elles paroisseut quelquefois user d'une manière un peu arbitraire de ce droit; cependant, la prison des reines est toujours plus longue lorsque le mauvais tems dure sans interruption plusieurs jours de suite. Ici la cause finale ne peut pas être méconnue. Si les jeunes femelles avoient eu la liberté de sortir de leurs berceaux dès qu'elles y auroient recu elles leur dernier développement, il y auroit eu pendant les mauvais jours pluralité des reines dans les ruches, et par conséquent des combats et des victimes: le mauvais tems auroit pu se prolonger assez pour que toutes les reines arrivassent a l'époque de leur transformation et de leur liberté. Après tous les combats qu'elles se seroient livrés, une seule, victorieuse de toutes les autres, seroit restee en possession du trône, et la ruche, qui naturellement devoit donner plusieurs essaims, n'en auroit pas donné un seul: la multiplication de l'espèce auroit donc été laissée au hasard de la pluie et du beau tems; au lieu qu'elle en est tout-à-fait indépendante par les sages dispositions de la nature En ne laissant sortir de captivité qu'une seule femelle à la fois, la formation des essaims est assurée, Cette explication me paroit si simple, que je crois superflu d'y insister davantage.

Mais je dois indiquer une autre circons tance importante qui résulte de la captivité des reines j c'est qu'elles sont en état de voler et de partir dès, que les abeilles leur laissent la liberté; et par ce moyen elles deviennent capables de profiter du premier moment où le soleil se montre pour emmener une colonie. '.

Vous savez, Monsieur, que toutes les abeilles, quelles qu'elles soient, ou?rieres ou faux-bourdons, ne sont point en état de voler d'un jour ou deux, lorsqu'elles sortent de leurs-.cellule» Tome L 19 diatement après leur transformation; elle§ sont encore foibles, blanchâtres; leurs organes sont mal raffermis: il leur faut 'Vmgt-quatre ou trente heures au moins pour qu'elles acquièrent toutes leurs forces, et que leurs facultés se développent. Il en seroit de même des femelles, si leur prison ne se prolongeoit pas au-delà du temsde leur tiansformation: au lieu qu'on les voit sortir de captivité, fortes, rembrunies, développées, et plus en état de voler qu'elles ne le seront dans aucun autre tems de leur vie. J'ai dit ailleurs quelle force les abeilles emploient pour retenir les femelles prisonnières; elles soudent, par un cordon de cire, le couvercle de leurs cellules sur ses parois. 3'ai dit aussi comment elles les nourrissent: 'je ne répéterai point ces détails.

Un fait qui est encore biea remarxjuable, c'est que les femelles sont mises en liberté suivant la date de leur âge-Nous avons eu soin de distinguer par des numéros toutes les cellules royales au moment ou les ouvrières les fermoient d'un couor.!.;'v v yercle, et nous choisissions cette epoque parce qu'elle servoit à nous indiquer avec précision l'âge des reines Or, nous avons toujours observe que la reine la plus âgé étoit libérée la première; celle qui la sui-Voit immédiatement étoit la seconde qui obtenoit sa liberté et ainsi de suite; au cune des femelles ne sortoit de prison qu'après que ses aînées étoient devenue libres,

Je me suis demandé cent fois à moi-même: comment les abcilles distinguent-elles, d'une manière si sûre, l'âge de leurs captives? Je ferois mieux sans doute de ïépondre à cette question comme à tant d'autres, par un simple aveu de mon ignorance; cependant, Monsieiy, permettezmoi de vous exposer une conjecture. Vous savez que je n'ai pas abusé, comme quel-» ques auteurs, du droit de me livrer aux hypothèses. Le chant ou le son que les jeunes reines rendent dans leurs cellules ne seroit-il point uti des moyens que la nature emploie pour faire, connotoe aux abeilles l'âge de ces reines? il est trèssue que la femelle dont la cellule a été fermée avant celles des autres, chante aussi la première. La femelle contenue dans la cellule fermée immédiatement après celle-là, chante plutôt que ses cadettes, et ainsi de suite. Je conviens que comme leur captivité peut durer huit ou dix jours, il reste possible que, dans cet espace de tems, les abeilles oublient quelle est. la reine qui a chanté la première; mais il se peut aussi que les reines varient leur chant, l'augmentent en force a mesure qu'elles deviennent plus âgées, et que les abeilles soient apprises à distinguer ces variations. Nous avons nous-mêmes reconnu des différences dans ce chant, soit relativement à la succession des notes, soit à l'égard de l'intensité du son: il y a vraisemblablement des nuances encore plus fines qui échappent à nos organes, mais que ceux des ouvrières peuvent saisir.

Ce qui donne quelque poids à cette conjecture, c'est que les reines élevées suivant la manière, qu'a découverte M. Schirach, sont absolument muettes j aussi les ouvrières ne font-elles jamais la garde autour de leurs cellules; elles ne les retiennent pas captives un seul instant au-delà du terme de leur transformation, et lorsqu'elles l'ont subie, elles leur permettent des combats à outrance, jusqu'à-ce qu'une seule d'entr'elles deviennent victorieuse de toutes les autres. Pourquoi? parce qu'alors le seul but à remplir, est de remplacer la reine perdue; or, pourvu que dans le nombre des vers élevés en reines, un seul vienne à bien, le sortde toutesles autres femelles n'a plus rien d'intéressant pour les abeilles; au lieu qu'autems des essaims, il falloit elever une succession de reines pour conduire les diverses eoï lonies; et pour que la vie-de ces reines fut assurée, il falloit les préserver des suites de cette horreur mutuelle qui les. anime les unes contre les a«tres. 'VoHa la raison évidente de toutes les précautions que les abeilles, instruites par la nature,. prennent dans le tems des essaims; voilât l'explication de la captivité des femelles, et afin que la durée de cette captivité fut mesurée sur l'âge des jeunes reines, il falloit qu'elles eussent un moyen de faire distinguer aux ouvrières le lems où elles devoient obtenir leur liberté. Ce moyen est le sou qu'elles rendent, et les variations qu'elles savent lui donner.

Malgré toutes mes recherches, je n'ai pu découvrir où est placé l'instrument qui leur sert à produire ce son. J'ai entrepris une nouvelle suite d'expériences; sur ce sujet; mais elles ne sont pas achevées encore.

Il reste un autre problème à résoudre? comment se fait-il que les reines, élevées suivant la méthode de M. Schirach, soient muettes, tandis que celles qui sont élevées dans le tems des essaims, ont la faculté de rendre un certain son? Quelle est la raison physique de cette différence?

J'ai cru d'abord qu'il fallait l'attribuer à l'époque de leur vie, où les vers qui doivent devenir reines reçoivent la bouillie royale. JLes vers royaux reçoivent, au, tems des essaims, la nourriture de reines, le WQm.eqt; où Us sortent de l'oeuf: ceux au contraire qui sont deslinés «i devenir reines, suivant la méthode, de M. Schirach-, ne la reçoivent que le second ou le troisième jour de leur vie. Il me sembloit que cette circonstance étoit trèscapable d'influer sur diverses parties de l'organisation, et en particulier sur l'ins-r trument de la voix; mais l'expérience a. détruit cette conjecture. J'avois fait con&truire, avec des portions de tubes dé verre, des cellules qui imitoient parfai» tement la forme des cellules royales, pou? y observer la manière dont les vers se métamorphosent en nymphes, et les nymphes en reines. J'ai décrit dans la huitième lettre les observations que je rappelle ici. Nous introduisîmes dans une de ces cellules artificielles une nymphe/, provenant d'un ver élevé en reine suivant la méthode de M. Schirach. Nous fîmes cette opération vingt-quatre heures avant le terme où il devoit naturellement sybu' sa dernière métamorphose, et nous, veplacâmes notre cellule de verre dans la ruche, pour qneja.nymphe y degre' de chaleur qui lui est necessaire: Le lendemain nous eûmes le plaisir de la voir se depouiller de ses enveloppes, et prendre sa dernière forme; elle ne pouvoit pas s'échapper de sa prison, mais nous y avions ménagé une petite ouverture pour qu'elle pût en faire sortir sa trompe, et que les abeilles vinssent la nourrir. Je in'attendois que cette reine seroit absolument muette; cependant elle rendit des sons semblables à ceux que j'ai décrits ailleurs. Ma conjecture étoit donc fausse.

Je pensai alors que cette reine s'étant trouvée gênée dans ses mouvemens et dans son désir de liberté, c'étoit l'état de contrainte qui déterminoit les femelles à produire certains sons. Suivant ce nouveau point de vue, les reines élevées, so?t à la manière de Schirach, soit d'après l'autre méthode, ont également la capacité de chanter; mais pour y être détei miftées, il faut qu'elles se trouvent dans une situation gênante. Or, les reines qui proviennent des vers d'ouvrières ne sont pas contraintes un seul instant de leur vie, dans l'etat naturel; et si elles ne chantent point, ce n'est pas qu'elles soient dépourvues de l'organe de la voix, c'est qu'elles n'ont rien qui les incite à chanter: au lieu que celles qui naissent dans le tems des essaims y sont excitées par l'état de captivité où les abeilles les retiennent. J'attache moi-même peu de valeur a cette supposition, Monsieur, et si j'en ai rendu compte ici c'est moins pour m'en faire un mérite, que pour mettre les observateurs sur la voie d'en découvrir une meilleure.

Je ne me ferai pas non plus un mérite de la découverte du chant de la reine abeille. D'anciens auteurs en ont parlé; M. de Réaumur cite à cette occasion un ouvrage publié en latin en 1671, sous le titre de *M-onarchia feminin&,* par Charles Buttler (). Il donne un précis très-court des observations de ce naturaliste. On y voit qu'il avoit embelli, ou pour mieux dire, défiguré la vérité, en y mêlant les imaginations les plus folles; mais il n'en est pas moins évident que Buttler avoit entendu le véritable chant des reines, et qu'il ne le confondait point avec le bourdonnement confus qu'on entend fréquemment dans les ruches.

QuatriÈme Fait. *Lorsque Les jeunes reines sortent de leurs ruches natales, en conduisant un essaim, elles sont encore dans l'étal de virginité.* Le lendemain du jour où elles s'établissent dans leur nouveau domicile, est ordinairement celui où elles vont chercher les mâles; cette époque répond communément au cinquième jour de leur vie sous la forme de reines; car elles en passent deux ou trois dans la captivité, un dans leur ruche natale avant d'en sortir, et un cinquième enfin dans leur nouveau domicile: les reines provenues d'un ver d'ouvrières, et élevées suivant la méthode de Lusace, passent aussi cinq jours dans leur ruche avant de sortir pour recevoir la fécondation. Les unes et les autres sont traitées avec indifférence par leurs abeilles, aussi long-tems qu'elles gardent leur virginité; mais dès qu'elles reviennent avec les signes extérieurs de la fécondation, elles sont accueillies par leurs sujettes avec les respects les plus empressés. Cependant elles ne pondent que quarante six heures après avoir été fécondées. Les vieilles reines , qui Sortent au printems à la tête du premier essaim, n'ont pas besoin d'un nouveau commerce avec Jes mâles pour conserver leur fécondité. Un seul accouplement suffit donc à féconder tous les œufs qu'elles doivent pondre pendant l'espace de deux ans au moins, J'ai l'honneur d'être, etc.
-'X'-'X.'

ONZIÈME LETTRE.
Continuation du même sujet.
Pregny, le 10 Septembre 1791.

Monsieur, -» *i* «

J'ai rassemble dans les deux lettres précédentes, mes principales observations sur les essaims, celles que j'avois répétées le plus souvent, et dont les résultats constamment uniformes ne me Jaissoient craindre aucune illusion. J'en ai tiré les conséquences qui m'ont paru les plus immédiates, et dans toute la partie théorique j'ai évite avec soin de m'avancer au-delà des faits. Ce qui me reste à vous exposer aujourd'hui est plus conjectural, mais vous y trouverez le récit de quelques expériences que je crois assez curieuses.

J'ai montré que le principal molit'du départ des jeunes femelles, dans le tems des essaims, étoit l'antipathie insurmontable que ces reines éprouvent les unes contre les autres; j'ai repété plusieurs fois qu'elles ne pouvoient satisfaire ce sentiment d'aversion, parce que les OU" vrières les empêchent avec le plus grand soin d'attaquer les cellules royales. Cette perpétuelle contrariété dans leurs mouvemens leur donne enfin une inquiétude visible, un degré d'agitation qui les porte à fuir: toutes les jeunes femelles sont traitées successivement de la même manière dans les ruches qui doivent essaimer. Mais les abeilles se conduisent fort diflféremment avec la vieille reine destinée à conduire le premier essaim, accoutumées à respecter toujours les reines fécondes, elles n'oublient point ce qu'elles doivent à celle-ci; elles lui laissent la plus entière liberté dans tous ses mouvemens; elles lui permettent de s'approcher des cellules royales, et si même elle entreprend de les détruire, les abeilles ne s'y opposent point. Elle exécute donc ses volontés sans obstacle, et l'on ue peut pas attribuer sa fuite, comme celle des jeunes femelles, à *la* contrariété qu'elle éprouve: aussi aije Ivoué de bonne loi dans la lettre précédente, que j'ignorois le motif de son départ.

Cependant, en y réfléchissant mieux, il ne m'a pas paru que ce fait formât contre la règle générale une exception aussi forte que je l'avois jugé d'abord. Il est très-sûr au moins que les vieilles reines ont, comme les jeunes femelles, la plus grande aversion contre les individus de leur sexe. J'en ai la preuve dans le grand nombre de cellules royales que je leur ai vu detruire. Vous vous souvenez, Monsieur, que dans le détail de ma première observation sur le départ de la vieille reine, j'ai fait mention de sept cellules royales ouvertes sur le côté, et détruites par cette reine. Lorsque le tems reste plusieurs jours de suite à la pluie, elles les détruisent toutes; alors il n'y a point d'essaim, et c'est ce qui arrive trop souvent dans notre pays, où les printems sont ordinairement pluvieux. EUe.s n'attaquent jamais ces celIules, lorsqu'elles ne contiennent encore qu'un œuf ou un ver fort jeune; mais elles commencent à les redouter lorsque le ver est prêt à se métamorphoser en nymphe, ou qu'il a déjà subi cette transformation.

La présence des cellules royales qui contiennent des nymphes ou des vers prêts à le devenir, inspire donc aussi aux vieilles reines l'horreur ou l'aversion la plus forte, mais il reste à expliquer pourquoi, étant maîtresses de les détruire, elles ne le font pas toujours. Ici je suis réduit aux conjectures. Il se peut que le grand nombre de cellules royales qui se trouvent à la fois dans la ruche, et le travail qu'il faudroit entreprendre pour les ouvrir toutes, inspire aux vieilles reines une terreur qu'elles ne peuvent plus surmonter: elles commencent bien par attaquer leurs rivales, mais ne pouvant pas y réussir très-promplementy l'inquiétude s'accroît dans ce travail et devient une agitation terrible. Si en cei état le tems est favorable, elles seront naturellement disposées à sortir.

L'on comprend assez que les ouvrières, accoutumées à leur reine dont la presence est pour elles un véritable besoin, la suivent en foule dans son départ, et la formation du premier essaim ne fait naître à cet égard aucune difficulté.

Mais vous me demanderez sans doute, Monsieur, par quel motif les abeilles, qui traitent fort mal les jeunes reines, et qui, dans les meilleurs momens, ne leur témoignent qu'une parfaite inôÜfférence, sont pourtant disposées à les suivre dès qu'elles quittent la ruche. C'est vraisemblablement pour éviter la chaleur a laquelle leur ruche est alors exposée. L'agitation extrême qu'ont les jeunes femelles avant le jet, les porte à courir sur les gâteaux en tout sens; elles traversent les groupes d'abeilles, les heurtent, les dérangent, leur communiquent leur délire, et ces mouvemens tumultueux font monter la température à un point que nos mouches ne peuvent plus supporter. Nous en avons fait plusieurs fois l'épreuve au thermomètre. Une ruche bien peuplée au printems, dans un beau jour, est ordinairement entre le 27 et le 29." degré; mais pendant le tumulte qui annonce le jet d'un essaim, la liqueur du thermomètre passe le 32. degré,..e6 cette chaleur est intolérable aux abeilles; lorsqu'elles s'y sentent exposées, elles cherchent avec précipitation les portes de la ruche, et sortent. Eu général, elles ne peuvent pas supporter une augmentation de chaleur subite; elles quittent leur domicile quand elle s'y fait sentir; et celles qui reviennent de la campagne n'y rentrent pas, tant qu'il y règne une température extraordinaire.

Je me suis assuré, par des expériences directes, que les courses impétueuses de la reine abeille sur la surface des gâteaux agitaient réellement les ouvrières, et voici comment j'ai réussi à le constater. Je voulois éviter une complication de causes; il importait surtout 4e savoir si, hors du tems des essaims, l'agitation de la reine *Tome I.* 20 se communiquèrent aux abeilles. Je pris deux femelles vierges encore, mais qui avoient plus de cinq jours, et qui étoient capables de recevoir la fécondation. J'en plaçai une dans une ruche vitrée suffisamment peuplée, et je plaçai la seconde dans une autre ruche disposée de la même manière: après les avoir introduites, je fermai les ouvertures de manière que l'air seul pût circuler, sans qu'il fût possible à aucune abeille de sortir. Je me préparai à observer ses deux ruches dans tous les momens du jour, où le beau tems invite les mâles et les reines à sortir pour travailler à la fécondation: le lendemain le tems fut variable, il ne s'échappa aucun mâle de mon rucher, et mes abeilles furent tranquilles; mais le jour suivant, vers les onze heures, le soleil étant brillant, mes deux reines prisonnières commencèrent à courir, cherchèrent une issue dans toutes les parties de leur domicile, et n'en trouvant point, marchèrent sur les gâteaux vec tous, les symptômes les plus marqués d'inquiétude et d'agitation; bientôt mes abeilles participèrent à ce désordre; je les vis se précipiter eu foule dans le fond des ruches où sont placées les portes; ne pouvant sortir, elles remontèrent avec la même rapidité, et coururent aveuglément sur les cellules jusqu'à quatre heures du soir. C'est à peu près l'époque où le soleil, baissé sur l'horizon, rappelle les mâles dans les ruches ordinaires: les reines qui demandent à être fécondées ne restent jamais dehors plus tard: aussi les deux femelles que j'obser'yois commencèrent à se calmer, et en peu de tems la tranquillité fut rétablie. Ce manège se répéta plusieurs jours de suite avec des symptômes parfaitement semblables, et je restai convaincu que l'agitation des abeilles, dans le tems du jet des essaims, n'a rien de particulier; mais que les ruches sont toujours eu grand tumulte quand la reine est ellemême agitée.

Je n'ai plus qu'un fait à vous exposer, Monsieur; j'ai dit que lorsque les abeilles ont perdu leur femelle, elles donnent à de simples vers d'ouvrières l'éducation royale, et que, suivant la decouverte de M. Schirach, elles réparent ordinairement dans l'espace de dix jours la perte de leur reine. Dans ce cas, il n'y a point d'essaim j toutes les jeunes femelles sortent presqu'en même tems de leurs cellules; et après s'être livré une guerre cruelle, l'empire reste à la plus heureuse.

Je comprends bien que la principale intention de la nature a été de remplacer la reine perdue; mais puisque les abeilles ont pour cette opération la liberté de choisir ou des oeufs ou des vers d'ouvrières, pendant les trois premiers jours de leur âge, pourquoi ne destinent-elles l'éducation royale qu'à des vers presque aussi jeunes les uns que les autres, et qui doivent subir leur dernière transformation à peu près dans le même tems? Puisque dans la saison des essaims elles ont le droit de retenir les jeunes femelles prisonnières dans leurs cellules plus ou moins longtems, pourquoi laissent-elles sortir, toutes à la fois, les reines qu'elles se procurent par la méthode de M. Schirach? Si elles avoient prolongé plus ou moins la durée de leur captivité, elles auroient pu remplir à la fois deux buts très-importans, celui de réparer la perte dé leurs femelles, et celui de se procurer une succession de reines pour conduire au dehors plusieurs essaims.

J'ai cru d'abord que cette différence de conduite devoit être attribuée aux différentes circonstances dans lesquelles elles se trouvent. Elles ne sont invitées à faire toutes les dispositions relatives au jet de essaims que lorsqu'elles se voient en grand nombre, et qu'elles ont une reine occupée à sa grande ponte de mâles: au lieu que lorsqu'elles ont perdu leur femelle, elles ne trouvent plus dans leurs gâteaux ces oeufs de faux-bourdons qui déterminent leur instinct; elles sont jusqu'à un certain, point inquiètes et découragées.

J'imaginai donc, après avoir enlevé la reine d'une ruche, de rendre toutes les autres circonstances aussi parfaitement semblables qu'il seroit possible, à celles où 1 abeilles sont quand elles se preparent au jet des essaims. J'augmentai avec excès la population de la ruche, en y introduisant une grande quantité d'ouvrières; je leur donnai plusieurs gâteaux remplis de couvain de mâles en tout état. Leur premier soin fut de construire des cellules royales à la manière de M. Schirach, et d'y élever des vers d'ouvrières avec la nourriture royale: elles commencèrent bien aussi quelques cellules en stalactites, comme si elles y eussent été invitées par la présence du couvain de mâles; mais elles ne les continuèrent pas, parce qu'il ne se trouvoit parmi elles aucune reine qui pût y déposer des œufs. Enfin je leur donnai plusieurs cellules royales fermées, prises indifféremment dans des ruches qui se préparoient à essaimer; mais, toutes ces précautions furent inutiles. Mes abeilles ne s'occupèrent qu'à remplacer leur reine perdue, elles ne donnèrent aucuu soin particulier aux cellules royales que je leur avois confiées; les reines qu'elles contenoient en sortirent au tems ordinaire sans avoir été retenues prisonnières un instant: elles se livrèrent plusieurs combats, et il n'y eut point d'essaims.

En recourant à des subtilités, on parviendrait peut-être à indiquer la cause ou le but de cette bizarrerie apparente; mais plus on admire les sages dispositions de l'auteur de la nature, dans les lois qu'il a prescrites à l'industrie des animaux, plus il faut de réserve pour n'admettre aucune supposition étrangère à ce beau système, plus il faut se défier de cette facilité d'imagination avec laquelle, ea colorant les faits, on croit les expliquer.

En général, les naturalistes qui ont observé long-tems les animaux, et ceux surtout qui ont choisi les insectes pour l'objet favori de leurs études, leur ont prêté trop facilement nos sentimens, nos passions et même nos vues. Entraînés par ïe besoin d'admirer, choques peut-être du mépris avec lequel on parle des insectes, ils se sont crus dans l'obligation de justifier l'emploi du tems qu'ils leur avoient consacré, et ils ont embelli différens traits de l'industrie de ces petits animaux, par toutes les couleurs que fournit une imagination exaltée. Notre célèbre Réaumur n'est pas tout-à-fait exempt de reproches à cet égard: en traçant l'histoire des abeilles, il leur attribue souvent des intentions combinées, de l'amour, de la prévoyance, et d'autres facultés d'un ordre trop élevé. Je crois m'apercevoir que, quoiqu'il se formât lui-même des idées assez justes sur les opérations de ces mouches, il eût su bon gré a son lecteur de leur supposer la connoissance de leurs véritables intérêts. C'est un peintre qui, dans son heureuse prévention, flatte l'original dont il exprime les traits. D'un autre côté, l'illustre Buffon traite injustement les abeilles comme de purs automates. Il vous étoit réservé, Monsieur, de ramener la théorie de l'industrie des animaux à des principes plus philosophiques, et de montrer que celles de leurs actions qui ont tme apparence morale, tiennent à l'association *d'idées purement sensibles.* Ce n'est point mon intention de pénétrer ici ces profondeurs, ni d'insister sur les détails. Mais comme l'ensemble des faits relatifs a la formation des essaims présente plus de sujets dadmiration peut-être, qu'aucune autre partie de l'histoire des abeilles, je crois convenable d'indiquer en peu de mots la simplicité des moyens avec lesquels la sage nature conduit l'instinct de ces mouches. Elle ne pouvoit leur accorder la plus légère portion d'intelligence; elle ne devoit donc leur laissé aucune précaution à prendre, aucune combinaison à suivre, aucune prévoyance à exercer, aucune connoissance à acquérir; mais après avoir modélé leur *sensorium* dans le rapport aux opérations diverses dont elles les chargeoit, c'est par l'attrait du plaisir qu'elle en a déterminé l'exécution: elle a donc préordonné toutes les circonstances relatives à la succession de leurs différens travaux, et a chacune de ces opérations elle a joint une sensation agréable. Ainsi donc, lorsque les abeilles bâtissent leurs cellules, lorsqu'elles soignent leurs vers , lorsqu'elles récoltent des provisions, il ne faut chercher là, ni plan, ni affection, ni prévoyance; il ne faut y considérer, comme moyen déterminant, que la jouissance d'une sensation douce, attachée à chacune de ces opérations. Je parle à un philosophe, et comme ce sont ses propres opinions que j'applique à de nouveaux faits, je crois mon langage intelligible; mais je supplie mes lecteurs de lire et de méditer feux de vos ouvrages où vous vous êtes occupé de l'industrie des animaux. J'ajoute encore un mot; l'attrait du plaisir n'est pas le seul ressort qui les fait agir: il y a un autre principe, dont jusqu'ici on n'avoit pas connu, au moins relativement aux abeilles, la prodigieuse influence; c'est le sentiment d'aversion que toutes leurs femelles eprouvent, en tout tems, les unes contre les autres; sentiment dont l'existence est si bien démontrée par mes observations, et qui explique une multirude de faits importans dans la théorie des essaims.

J'ai l'honneur d'être, etc.

DOUZIÈME LETTRE.

Nouveaux détails sur les reines qui ne pondent que des oeufs de fauxbourdons, et sur celles que l'on prive de leurs antennes.

Pregny, 12 Septembre 1791

Monsieur, rfN vous rendant compte, dans la troisième lettre de mes premières observations sur ces reines abeilles qui ne pondent que des œufs de mâles, j'ai prouve qu'elles déposoient ces œufs indifferemment dans les cellules de toutes les grandeurs, et même dans les cellules royales: j'ai dit encore que les abeilles communes donnoient aux vers de fauxbourdons, éclos de ses œufs pondus dansles cellules royales, les mêmes soins que s'ils devoient réellement se transformer en reines; et j'ai ajouté qu'à cet égard l'instinct des ouvrières me paroissoit en défaut (). En effet, il est très-singulier () Je me suis assuré, par de nouvelles observations, que les abeilles reconnoissent aussi bien les larves de faux-bourdons, quand les œufs dont elles proviennent ont été pondus dans des cellules royales, par des reines dont la fécondation a été retardée, que lorsqu'elles les ont déposés dans des alvéoles communs.

On n'a point oublié que les cellules royales ont la forme d'une poire, dont le gros bout est en haut; ou si l'on veut d'une pyramide renversée, dont l'axe seroit à peu près vertical, et la longueur de quinze à seize lignes. L'on sait aussi que les reines pondent dans ces cellules quand elles ne sont qu'ébauchées ; alors elles ressemblent assez au calice d'un gland.

Les abeilles donnent bien d'abord la même ligure et les mêmes dimensions aux cellules qui servent de berceaux aux mâles; mais au moment ou leurs larves sont prêtes à se transformer, il est aisé de s'apercevoir qu'elles ne les ont point prises pour des vers royaux; car au lieu de fermer ces cellules en pointes comme elles le font toujours, quand elles contiennent des larves de cette dernière sorte, elles les évasent par-le bas, et après y avoir ajouté un tube cylindrique, elles les ferment avec un couvercle bombé, qui ne diffère point de ceux qu'elles ont coutume de placer sur les cellules de mâles; mais comme ce tube a la même capacité que les alvéoles hexagones du plus petit diamètre, les larves que les abeilles font descendre dans cette partie de la.cellule, e.1 qui doivent y «ubir leui?

xpie les abeilles, qui reconnoissent si bien les vers de mâles, lorsque les œufs dont ils sortent ont été pondus dans les petites cellules, qui n'oublient point de leur donner un couvercle bombé au moment où ils doivent se transformer en nymphes, ne reconnoissent plus les vers de celte même sorte, lorsque les œufs dont ils sont éclos ont été pondus dans des cellules royales, et lestraitent comme s'ils devoient se métamorphoser en reines. Cette irrégularité tient à quelque cause que je ne pénètre pas. dernière métamorphose, deviennent de faux-bourdons de la plus petite taille. La longueur totale de ces cellules extraordinaires est de vingt à vingt-deux lignes. Cependant les abeilles n'ajoutent pas toujours un alvéole cylindrique à la cellule pyramidale, elles se contentent alors d'élargir un peu leur partie inférieure: dans ce cas, les larves qui y prennent leur accroissement peuvent devenir de grands faux-bourdons.

J'ignore la cause des différences qu'on observe quelquefois dans la forme de. ces alvéoles; mais ce qui me paroit bien certain, c'est que les abeilles ne s'y trompent jamais, et qu'elles nous donnent dans cette occasion une grande preuve de la sûreté de l'instinct dont elles sont douées.

La nature, qui a chargé les abeilles de l'éducation des petits, et du soin de leur donner des alimens appropriés à leur âge, et même à leur sexe, a dû leur apprendre à les reconnoître. Les mâles et les ouvrières adulte se ressemblent si peu, qu'il doit y avoir aussi quelque différence entre les larves des deux sortes; les ouvrières les distinguent sans doute, quoiqu'elles nous aient échappé.

En relisant ce que j'ai eu l'honneur de vous écrire sur ce sujet, j'ai vu qu'il me restoit une expérience intéressante à faire pour compléter l'histoire des reines abeilles qui ne pondent que des œufs de faux-bourdons: il falloit chercher si ces femelles elles-mêmes discerneroient que les œufs qu'elles pondent dans les cellules royales ne sont pas de la sorte des reines: j'avois déjà observé qu'elles ne cherchent point if détruire ces cellules lorsqu'elles sont fermées, et j'en concluois, qu'en général, la présence des cellules royales dans leur ruche ne leur inspire pas le même sentiment d'aversion, qu'aux femelles, dont la fécondation n'a pas été retardée: mais pour s'en assurer d'une manière plus précise, il falloit examiner comment la présence d'une cellule, qui contiendroit une nymphe royale, affecteroit une reine qui n'auroit jamais pondu que des œufs de fauxbourdons.

Cette expérience étoit facile; je l'ai exécutée le 4 Septembre de cette annee, sur une de mes ruches qui étoit privée depuis quelque tems de sa reine naturelle, Les abeilles de cette ruche n'avoient pas manqué de construire plusieurs cellules royales pour remplacer leur femelle; je choisis ce moment pour leur donner une reine dont la fécondation avoit été retardée jusqu'au vingt-huitième jour, et qui ne pondoit que des œufs de mâles; j'ôtai en même tems toutes les cellules royales, hors une seule qui étoit fermée depuis cinq jours:

il me suffisoit qu'il y en restât une, pour voir l'impression qu'elle produiroit sur la reine étrangère que je venois de placer parmi mes abeilles. Si elle eut cherché à la détruire, c'eût été à mes yeux une preuve qu'elle prévoyoit la naissance d'une rivale dangereuse. Veuillez, Monsieur, excuser ce termes de *prévoir,* dont je sens l'impropriete, mais il m'épargne une longue périphrase. Si au contraire elle ne l'attaquoit pas, je pouvois en conclure que le retard de la fécondation, qui la privoit de la faculté de pondre des œufs d'ouvrières, lui avoit ôté aussi une partie de son instinct: et c'est ce qui arriva: cette reine passa plusieurs fois le premier jour et le lendemain sur la cellule royale, sans paroître la distinguer des autres; elle pondit fort tranquillement dans les alvéoles qui l'environnoient; et malgré les soins que les abeilles ne cessoient point de rendre à cette cellule, elle ne me sembla pas se douter un instant du péril dont la menaçoit la nymphe royale qui y étoit renfermée. Du reste, les ouvrières traitoient leur nouvelle reine aussi bien qu'elles auroient traité toute autre femelle: elles lui prodiguoient le miel et les *respects,* et faisoient autour d'elle ces cercles réguliers qu'on seroit tenté de prendre pour l'expression de leurs hommages. Ainsi donc, indépendamment de l'espèce de désordre que le retard de la fécondation apporte aux organes sexuels des reines abeilles, il est certain qu'il leur fait perdre une partie de leur instinct; elles n'ont plus d'aversion ou de jalousie contre les mouches de leur sexe en etat de nymphe; elles ne cherchent plus à les détruire dans leurs berceaux.

Mon lecteur sera surpris que ces reines, dont la fécondation a été retardée, et dont la fécondité est si inutile aux abeilles, en soient pourtant si bien accueillies, et leur deviennent aussi chères que les femelles qui pondent des œufs de deux sortes; mais je me souviens d'avoir observé un fait plus étonnant encore. J'ai vu des ouvrières donner tous leurs soins a leur reine quoiqu'elle fut stérile, et après sa mort, traiter son cadavre comme elles l'avoient traitée elle-même pendant sa vie, préférer long-tems ce corps inanimé aux reines les plus fécondes que je leur avois offertes. Ce sentiment, qui prend l'apparence d'une affection si vive, est probablement l'effet de quelque sensation. agréable que les reines font eprouver à leurs abeilles, et qui est independante de leur fécondite. Les reines qui ne pondent que des oeufs de mâles excitent sans doute la même sensation sur les ouvrières.

En rapportant cette dernière observation, je me suis rappelé un mot de Swammerdam: ce célèbre auteur dit quelque part, que, lorsqu'une reine est aveugle, stérile, ou mutilée, elle ne pond plus, et que les ouvrières de sa ruche ne font plus aucune récolte ou aucun travail, comme si elles savoient que, dans ce cas, il leur devient inutile de travailler; mais en articulant ce fait, il ne cite point les expériences qui le lui ont fait découvrir: celles que j'ai suivies moi-même sur ce sujet, m'ont appris quelques détails assez curieux.,

J'ai retranché plusieurs fois les quatre ailes à des reines abeilles; et non-seulement après cette mutilation elles n'ont pas cessé de pondre, mais leurs ouvrières ne leur ont pas témoigné moins d'égards qu'au . »"i tantôt sur les jambes des ouvrières, et c'étoit par hasard qu'elle rencontrent leurs bouches. Dans d'autres momens elle revenoit sur les gâteaux , puis les quittoit encore pour courir sur les verres de la ruche, et dans ses divers mouvemens elle laissoit toujours tomber ses œufs. D'autres fois elle paroissoit tourmentée du désir d'abandonner son habitation, elle se jetoit vers l'ouverture de la ruche, entroit dans le canal vitré, qui aboutissoit à la porte, mais comme l'orifice extérieur de ce canal étoit trop étroit pour qu'elle put y passer, elle ne faisoit que des efforts inutiles, et rentroit dans son habitation: malgré ces signes de délire, les abeilles ne cessoient de lui rendre les mêmes soins qu'elles ont toujours pour leurs reines, mais celle-ci ne les recevoit qu'avec indifférence. Tous les symptômes que je viens de décrire me paroissoient l'effet de l'amputation des antennes de cette femelle; cependant, comme son organisation avoit déjà souffert du retard de la fécondation, et que j'avois observé une sorte daffoibïissement dans son mstincC il étoit possible que les deux causes concourussent ici au même effet. Pour bien distinguer ce qui appartenoit uniquement à la privation des antennes il falloit donc répéter l'expérience sur une reine dailleurs bien organisee, et capable de pondre des œufs des deux sortes.

C'est ce que j'ai fait le 6 Septembre; j'ai amputé les antennes d'une femelle que j'observois depuis plusieurs mois, et qui, douée d'une grande fécondité, avoit déjà pondu un grand nombre dceufs d'ouvrières et d'œufs de mâles. Je-lai placée ensuite dans la même ruche où etoit encore la reine de l'expérience précédente, et elle y a montré précisément les mêmes signes d'agitation et de délire, que je crois inutile de répéter ici: j'ajouterai seulement que pour juger mieux de l'effet que produit la privation de& antennes sur l'industrie et l'instinct desreines abeilles, j'observai attentivement comment ces deux femelles mutilées se traiteroient l'une l'autre: vous n'avez pas oublié, Monsieur, avec quel acharnement se combattent deux reines, lorsqu'elles ont tous leurs organes: il étoit donc très-intéressant de savoir si elles éprouveroient la même aversion réciproque après avoir perdu leurs antennes. Nous suivîmes long-tems celles-ci; elles se rencontrèrent plusieurs fois dans leurs courses, et ne se donnèrent pas le plus léger signe de malveillance. Ce dernier fait est à mon avis la preuve la plus complète du changement opéré dans leur instinct.

Une autre circonstance bien remarquable, que l'expérience dont je viens de rendre compte me donna lieu d'observer, c'est le bon accueil que les abeilles firent à cette seconde reine étrangère pendant qu'elles conséivoient encore la première. Après avoir vu tant de fois les signes de mécontentement que leur donne la pluralité des femelles dans leur ruche, après avoir été témoin des massifs qu'elles forment autour des reines surnuméraires pour les retenir en prison, je ae m'at tendois pas qu'elles rendroient à cette seconde femelle mutilée les mêmes soins qu'elles avoient encore pour la première. Ne seroit-ce point qu'après la perte de leurs antennes, ces reines n'avoient plus aucun caractère qui servît à les distinguer l'une de l'autre?

Je serois d'autant plus porté à admettre cette conjecture, que lorsque j'introduisis dans *la* même ruche une troisième reine feconde, mais à laquelle j'avois laissé ses antennes, elle y fut extrêmement mal reçue. Les abeilles la saisirent, la mordirent, l'entourèrent si étroitement qu'elle ne pouvoit presque plus ni respirer, ni se mouvoir. Si donc elles traitent également bien dans une même ruche deux femelles privées de leurs antennes, c'est vraisemblablement parce que ces deux femelles leur faisant éprouver la même sensation, elles n'ont plus de moyen de les distinguer l'une de l'autre.

Je conclus de tout ceci que les *an* tenues ne sont point pour les insectes un frivole ornement; elles sont suiVaot toute apparence l'organe du tact ou de l'odorat; mais je ne saurois decider du quel de ces deux sens elles sont le siège y. il ne seroit pas impossible qu'elles eussent ete organisées de manière à remplir tout à la fois ces deux fonctions.

Comme dans le cours de eette experience, les deux femelles mutilées eurent constamment le désir de s'échapper de leur ruche, je voulus savoir ce que l'une d'elles feroit si je lui laissois la liberté desortir, et si ses abeilles la suivroient dans sa fuite: j'enlevai donc de la ruche la première reine que j'y avois introduite,, et la troisième; j'y laissai celle qui étoit féconde et mutilée, et j'agrandis le canal vitré qui servoit d'ouverture, de manière-qu'elle pût y passer.

Le même jour cette reine sortit de sorv habitation; d'abord elle prit le vol, mais comme son ventre étoit encore rempli d'œufs, elle se trouva trop pesante, ne put se soutenir sur ses ailes, tomba,. et n'essaya plus de voler. Elle ne accompagna dans sa fuite d'aucune ouvrière. Mais pourquoi l'abandonnèrentelles à son départ, après lui avoir rendu tant de soins pendant qu'elle vivoit au milieu d'elles? Vous savez, Monsieur, que les reines qui gouvernent un essaim fbible sont quelquefois decouragées, et partent de leur ruche en entraînant tout leur petit peuple avec elles. De même aussi les reines steriles, et celles dont l'habitation est desolée par les teignes, s'échappent et sont suivies par toutes leurs abeilles. Pourquoi donc, dans l'expérience que je rapporte ici, les ouvrières ont-elles laissé partir seule leur reine mutilée?

Je ne répondrai à cette question que par une conjecture. Il me paroît que lorsque les abeilles quittent leur ruche, elles y sont déterminées par l'augmentation de chaleur que leur cause l'agitation de la reine, elle mouvement tumultueux qu'elle leur communique. Or les reines mutilées, malgré leur délire, n'agitent pas les ouvrières, parce que dans leurs courses elles cherchent surtout les parties inhabivées, et les vitres de la ruche; elles heurtent bien en passant quelques groupes d'abeilles; mais c'est un choc semblable à celui de tout autre corps qui ne produit qu'une émotion locale et instantanée; l'agitation qui en résulte ne se communique point de proche en proche, comme celle qu'occasionnent les courses d'une reine qui, dans l'état naturel, veut fuir sa ruche et emmener un essaim: il n'y a pas augmen-, talion de chaleur, et conséquemment aucune cause qui rende aux abeilles leur ruche insupportable.

Cette conjecture, qui explique assez bien le séjour que les abeilles persistent à faire dans leur ruche, malgré le départ de leur reine mutilée, ne rend pas raison du motif qui détermine cette reine ellemême à fuir. Son instinct est changé c'est là tout ce que j'apercois, je ne distingue rien de plus. J'ajouterai seulementqu'il est fort heureux pour la ruche que celle reine parte, et qu'elle parte promptcment; car comme ses abeilles ne cessent pas de lui rendre des soins, elles ne son geroient pas, tant qu'elles la conserveroient, à s'en procurer une autre, et pour peu qu'elle tardât à fuir, il ne leur seroit plus possible de la remplacer, parce que les vers d'ouvrières auroient passé le terme où ils peuvent être convertis en *vers royaux*, et la ruche périroit. Remarquez, Monsieur, que les œufs que cette reine mutilée laisse tomber, ne pourroient jamais servir à la remplacer; car comme ils ne sont pas déposés dans les cellules, ils se dessèchent et ne produisent rien.

Encore un mot sur les femelles qui ne pondent que des œufs de mâles. M. Schirach pensoit que l'une ou l'autre branche de leur double ovaire avoit souffert quelque altération; il paroît avoir supposé que l'une de ces branches ne contenoit que des œufs de mâles, tandis que l'autre renferme uniquement des oeufs d'ouvrières, cl comme il attribuoit à une maladie quel-, conque, l'impossibilité où se trouvent cer- laines reines de pondre des oeufs d'ouvrières, sa conjecture devenoit assez plausible. En effet, si lés, oeufs de mâles et ceux d'ouvrières sont indistinctement mêlés dans les deux branches de l'ovaire, il semble au premier coup-d'œil qu'une cause quelconque qui agiroit sur l'organe, devroit également altérer les deux espèces d'œufs. Si, au contraire, l'un des rameaux est uniquement occupe par des œufs de faux-bourdons, tandis que l'autre ne contient que des œufs d'ouvrières, on concoit que par l'effet d'une maladie, l'une de ces branches peut être attaquée et l'autre rester intacte. Cette conjecture, quoique vraisemblable, est détruite par l'obseivation. Nous avons disséqué dernièrement quelques-unes de ces reines qui ne pondent que des oeufs de mâles, et nous avons trouvé les deux branches de leurs ovaires «gaiement développées, également *saines,* si je puis me servir de ce mot. La seule différence qui nous ait frappés, c'est que dans ces deux rameaux les oeufs ne nous ont pas paru aussi rapprochés les uns des autres qu'ils le sont dans les ovaires des reines qui pondent des œufs des deux sortes.

J'ai l'honneur d'être, etc.

TREIZIÈME LETTRE.
Vues économiques sur les abeilles.
Pregny, i." Octobre 1791.
t

Monsieur,

Je vous entretiendrai dans cette lettre des avantages que présentent pour le perfectionnement de *la science écono*-

mique. des abeilles, ces ruches de nouvelle construction dont je me suis servi, et que j'ai appelées *ruches en livres ou en feuillets* ().

Je ne rapporterai point les différentes méthodes qu'on a employées jusqu'à présent, pour forcer les abeilles à nous céder une partie de leur miel et de leur cire j elles avoient presque toutes ce rapport, d'être à la fois cruelles et mal-entendues.

() Voyez la Planche I." et sou explication, à k taote de la page i3.,

II me paroît évident, que lorsqu'on cultive les abeilles pour partager avec elles le produit de leurs recoltes, il faut chercher à les multiplier autant que le permet la nature du pays qu'on habite, et par conséquent respecter leur vie au moment même où l'on s'empare de leurs provisions. C'est donc une opération absurde que de sacrifier des ruches entières pour prendre toutes les richesses qu'elles renferment. Leshabitansde nos campagnes, qui n'employent pas d'autres moyens, perdent tous les ans des quantités énormes de ruches, et comme en général nos printems ne sont pas favorables aux essaims, cette perte est irréparable. Je sais bien qu'ils n'adopteront pas d'abord ma méthode: ils sont trop attachés à leurs préjugés et à leurs vieilles habitudes; mais les naturalistes et les cultivateurs éclairés sentiront l'utilité du procédé que j'indique, et s'ils le mettent en usage, j'espère que leur exemple contribuera a étendre et à perfectionner la culture des abeilles.

Il n'est pas plus difficile de loger ua *essaifn naturel* dans une ruche en Feuillets que dans toute autre d'une forme différente. Il y a cependant une précaution essentielle au succès, et que je ne dois pas omettre. Si les abeilles sont indifférentes à la manière d'orienter leurs gâteaux, et à l'étendue plus ou moins grande qu'elles peuvent leur donner, d'un autre côté elles sont obligées à les construire toujours perpendiculairement à l'horizon, et parallèles entr'eux. Si donc, en les etablissant dans l'une de mes nouvelles ruches, on les laissoit entièrement à elles-mêmes, il arriveroit souvent qu'elles construiroient plusieurs petits gâteaux parallèles entr'eux à la vérité, mais perpendiculaires au plan des cadres *oujèuillets:* d'autres fois elles les placeroient sur le point de réunion de deux de ces cadres, et par cette disposition elles rendraient nuls les avantages que je prétends retirer de la forme de mes ruches, puisqu'on ne pourroit plus les ouvrir à volonté sans couper ces gâteaux. Il faut donc leur tracer d'avance la direction Suivant la*Tome L* 22

«pielle elles doivent les construire; il faut que le cultivateur pose lui-même, si je puis parler ainsi, les fondemens de leur édifice, et le moyen en est fort simple; il suffit de fixer solidement dans le plan de quelques-uns des cadres dont une ruche est composée, une parcelle de gâteau vous pouvez être sûr que les abeilles prolongeront ce gâteau commencé, et qu'en continuant leur travail elles suivront précisément la direction que vous leur aurez indiquée. Vous n'aurez donc jamais aucun obstacle à vaincre pour ouvrir la ruche; vous n'aurez pas même de piqûres à craindre; car c'est encore là une des propriétés les plus singulières et les plus précieuses de cette construction, de rendre les abeilles *imitables*. Je vous appelle, Monsieur, en témoignage de ce fait; j'ai ouvert en votre présence tous les cadres d'une de mes ruches les plus peuplées, et vous avez été fort surpris de la Iran-" quillité des abeilles. Je ne veux pas d'autre preuve de mon assertion; mais j'ai dû répéter celle-là, parce qu'en dernière analyse c'est de la facilité qu'ont ces ruches de se laisser ouvrir à volonté, que dépendent tous les avantages que j'en attends pour le perfectionnement de la Science économique des abeilles.

Je n'ai pas besoin, j'espère, d'ajouter ici, qu'en disant que je peux rendre les abeilles *traitables,* je n'ai pas la sotte prétention de les *apprivoiser* ce dernier mot réveille une idée vague de *charlatanisme,* et je ne veux point encourir un tel reproche: j'attribue la tranquillité de ces mouches, lorsqu'on ouvre leur domicile, à la manière dont les affecte l'introduction subite de la lumière; elles me paroissent éprouver dans ce cas plutôt de la crainte que de la colère; on en voit alors un grand nombre qui fuyent, qui entrent dans les cellules la tête la première, qui, en un mot, ont l'air de se cacher, et ce qui confirmeroit ma cotrjecture, c'est qu'en général elles sont moins *traitables* pendant la nuit, ou après le coucher du soleil, qu'elles ne le sont pendant le jour,

II faut donc choisir le moment où ïe soleil est encore sur l'horizon, pour ouvrir les ruches, et faire cette ouverture avec précaution. On doit éviter d'ouvrir trop brusquement; il faut en séparant les cadres agir avec lenteur, et prendre garde de blesser aucune abeille: quand elles sont trop accumulées sur les gâteaux qu'on veut emporter, il faut les chasser doucement avec les barbes d'une plume, et sur toute chose ne.point souffler sur elles; l'air que nous expirons paroît les mettre en fureur: la nature de cet air a sans doute une qualité qui les irrite j car si on les evente avec un soufflet, elles se disposeront plutôt à fuir qu'à piquer.

Je reviens au détail des avantages que présentent mes ruches *en feuillets*. J'observerai d'abord qu'elles sont très-commodes pour former des essaims *artificiels*. En faisant l'histoire des essaims *naturels,* j'ai montré combien il falloit de circonstances heureuses pour qu'ils pussent réussir. Je savois par expérience que dans nos climats ils manquent très-souvent j et lors même qu'une ruche est disposée a essaimer, il arrive bien des fois qu'on perd l'essaim, soit parce qu'on n'a pas prévu, l'instant de son départ, soit parce qu'il s'est elevé à perte de vue, soit encore parce qu'it &'est fixé ca des lieux inabordables. C'est donc rendre un véritable service aux cultivateurs que de leur apprendre à former des essaims *artificiels*, et la forme de mes ruches rend cette opération très-facile. Ceci demande quelques éclaircissement Puisque, suivant la découverte de JVL Schirach, les abeilles qui ont perdu leur reine peuvent s'en procurer une autre, pourvu qu'il se trouve dans leurs gâteaux du couvain d'ouvrières, dont l'âge ne passe pas trois fours, il en résulte qu'on peut à volonté faire naître des reines dans, une ruche en enlevant la reine régnante. Si donc on divise en deux une ruche suffisamment peuplée l'une de ces moitiés conservera la reine, l'autre moitié ne tardera pas à s'en procurer une; mais pour le succès de l'opération, il faut choisir un moment propice, et ce choix. facile et sûr que dans les ruches *en feuillets* :ce sont les seules où l'on puisse voir si la population est suffisante pour permettre la division, si le couvain a l'âge requis, s'il y a des mâles nés ou prêts à naître, pour féconder la jeune reine à sa naissance, etc.

Je suppose maintenant que toutes ces conditions se trouvent réunies, voici le détail du procédé qu'il faut suivre. On séparera par le milieu la ruche en feuillets, sans lui donner aucune secousse. On glissera entre les deux demi-ruches deux cadres vides qui s'appliquent exactement contre les autres, et qui soient fermés, en fonds de boites, du côté par lequel ils seront adossés. On cherchera à savoir dans laquelle des deux moitiés se trouve la reine régnante, et on la marquera pour ne pas l'oublier. Si par hasard elle étoit restée dans celle des deux divisions où il y auroit le plus de couvain, on la feroit passer dans celle où il y en auroit le moins, 'afin de donner aux abeilles le plus de &îHices possibles pour se procurer une autre femelle. Il faudra ensuite rapprocher les deux demi-ruches, les unir l'une avec l'autre par le moyen d'une petite corde fortement serrée autour d'elles, et avoir soin qu'elles occupent sur la table du rucher la même place qu'avant l'opération. L'ouverture qui avoit servi d'entrée aux abeilles dans leur ruche jusqu'à ce moment devient inutile, on la fermera donc; mais comme il faut que chaque demi-ruche ait sa porte, et que ces deux ouvertures soient éloignées l'une de l'autre le plus qu'il est possible, il faudra en pra- tiquer une au bas de chacun des deux cadres extérieurs; c'est-à-dire, du premier et du douzième (). Cependant on ne doit point ouvrir ces deux entrées le même jour: les abeilles privées de leur reine doivent être tenues prisonnières dans leur demi-ruche pendant vingt-quatre heures, et leur porte ne doit être ouverte jusqu'à cette époque, qu'autant qu'il le faut pour donner accès a l'air.

Sans cette précaution, (Voyez la figure ci-jointe, PL I.TM elles sortiroient bientôt pour chercher leur reine au dedans, et au dehors du rucher, elle ne manqueroient pas de la trouver dans la division où on l'auroit placée, elles y fileroient en grand nombre, s'y fixeroient, et il n'en resteroit plus assez dans l'autre partie pour les divers travaux nécessaires: au lieu que cet accident n'arrivera point si on les emprisonne pendant vingt-quatre heures, attendu que cet espace de tems suffit pour leurfaire oublier Jeur reine.

Lorsque toutes les circonstances *sont* favorables, les abeilles de la division privée de reine commencent le même jour leur travail pour s'en procurer une autre, et leur perte se trouve réparée dix ou quinze jours après l'opération. La jeune femelle qu'elles ont élevée sort bientôt après pour chercher les mâles, revient féconde, et au bout de deux jours commence à pondre des œufs d'ouvrières. Alors il ne manque plus rien aux abeilles de cette demi-ruche, et le succès de l'essaim *artificiel* est assuré.

C'est à M. Schirach qu'on doit la decouverte de cette méthode ingénieuse de former des essaims. Dans la description qu'il en donne, il prétend qu'en faisant naître de jeunes reines, dès les premiers jours du printems, on pourroit se procurer des essaims *hâtifs*, ce qui seroit certainement avantageux dans plusieurs circonstances: mais, par malheur, c'est impossible: cet observateur croyoit que les reines abeilles étoient fécondes par elles-mêmes, et en conséquence il imaginoit que dès qu'on auroit fait naître des reines artificiellement, elles poudroient, et donneroient naissance à une postérité nombreuse. Or, c'est une erreur; les femelles ont besoin du concours des mâles pour devenir fécondes, et si elles n'en trouvent pas peu de jours après leur naissance, leur ponte est, comme je l'ai prouvé, absolument dérangée. Si donc on formoit artificiellement un essaim avant le tems ordinaire où naissent les mâles, la jeune femelle découragerait les abeilles par sa Stérilité, ou si elles lui restoient fidelles, en attendant l'époque de la fécondation

comme cette jeune reine n'auroit reçu les approches du mâle que trois ou quatre semaines après sa naissance, elle ne pondroit plus que des œufs de fauxbourdons, et la ruche périroit également. Il ne faut donc point déranger l'ordre naturel; mais au contraire, on doit attendre, pour diviser les ruches, qu'il s'y trouve des mâles nés ou prêts à naître.

Au reste, si M. Schirach avoit réussi à se procurer des essaims *artificiels*, malgré la grande incommodité des ruches qu'il employoit, c'est qu'il y suppléoit par beaucoup d'adresse et par une assiduité continuelle. Il avoit bien à la vérité formé des élèves; ceux-ci, à leur tour, avoient communiqué à d'autres personnes la méthode de former des essaims. Il y a actuellement en Saxe des gens qui courent les campagnes pour pratiquer cette opération;. mais encore faut-il des hommes exercés pour oser l'entreprendre sur les ruches de forme ordinaire, au lieu qu'il n'est aucua cultivateur qurne puisse opérer lui-même sur les ruches *en feuillets*.

Ils trouveront dans cette construction un autre avantage très-précieux: ils forceront leurs abeilles à travailler en cire.

Ceci me conduit à une observation que je crois nouvelle: en nous faisant admirer le parallélisme que ces mouches suivent constamment dans la conslruction de leurs gâteaux, les naturalistes n'ont pas fait attention à un autre trait de leur industrie, à l'égale distance que les abeilles mettent toujours entre ces gâteaux. Mesurez l'intervalle qui les sépare, et vous le trouverez pour *Vordinaire* de quatre lignes. On sent bien que s'ils eussent été trop éloignés les uns des autres, les abeilles auroient été fort dispersées, elles n'auroient pas pu se communiquer réciproquement leur chaleur, et le couvain n'auroit pas été suffisamment échauffe. Si au contraire les gâteaux eussent été trop rapprochés, les abeilles n'auroient pas pu cheminer librement entr'eux, et le service de la ruche en eût souffert, 11 falkit donc qu'ils fussent Séparés par une certaine distance toujours la même, et qui convînt également au service de la ruche, et aux soins qu'exigent les vers. La nature, qui a tant appris de choses aux abeilles, les a instruites encore à observer très-régulièrement cette jijste distance: il arrive bien quelquefois, à l'approche de l'hiver, que nos mouches allongent les cellules qui doivent contenir du miel, et qu'elles rétrécissent par cette opération l'intervalle entre leurs gâteaux; mais ce travail particulier est fait pour une saison où il importe d'avoir de grands magasins, et où d'ailleurs l'activité étant fort ralentie, il n'est plus nécessaire que les communications soient aussi spacieuses ou aussi libres. Au retour du printems les abeilles se hâtent de raccourcir ces cellules prolongées, afin qu'elles-deviennent propres à recevoir les œufs que la reine doit y pondre, et elles rétablissent ainsi la juste distance dont la nature leur a fait une loi.

Cela posé, posr forcer les abeilles à travailler en cire, ou ce qui revient au même, pour les obliger à construire de nouveaux gâteaux, il suffit d'écarter assez les uns des autres ceux qu'elles ont déjà bâtis, pour qu'elles puissent en établir d'autres dans l'intervalle. Supposons qu'un essaim *artificiel* soit loge dans une ruche en feuillets composée de six cadres, dont chacun contient un gâteau; si la jeune reine qui gouverne cet essaim est aussi féconde qu'elle doit l'être, ses abeilles seront très-actives au travail, et disposées à faire de grandes récoltes encire. Pour les y déterminer, il faudra placer un cadre vide entre deux autres qui contiennent chacun un gâteau: comme tous ces feuillets sont de même dimension, qu'ils ont tous l'épaisseur nécessaire pour loger un gâteau, il est clair que les abeilles trouveront dans ce cadre vide, que vous aurez introduit dans leur ruche, l'espace précisément nécessaire pour y construire urj gâteau neuf, et elles ne manqueront point de le faire, parce qu'elles sont dans l'obligation de ne laisser jamais qu'un espace (Je quatre lignes entr'eux. Remarquez encore, Monsieur, que sans qu'il soit besoin de leur tracer la direction qu'elles doivent suivre, il est sur qu'elles travailleront ce gâteau neuf parallèlement à ceux qui l'entourent, pour observer la loi qui veut un intervalle egal entr'eux, dans toute l'étendue de leur surface.

Si la ruche est forte et la saison bonne, on entrelacera d'abord trois cadres vides entre les vieux gâteaux, un entre le premier et le second, un autre entre le troisième et le quatrième, et le dernier enfin, entre le cinquième et le sixième. Il faudra aux abeilles un travail de sept ou huit jours pour les remplir, et la ruche contiendra alors neuf gâteaux. Si le tems se soutient à une température favorable, on pourra entrelacer encore trois nouveaux feuillets, et par conséquent dans l'espace de quinze jours ou trois semaines, on aura obligé les abeilles à construire six gâteaux neufs. On pourroit continuer plus lora cette opération dans les climats chauds, et où la campagne offre perpétuellement des fleurs 5 mais dans notre pays, j'ai lieu - de croire qu'il ne faut pas forcer davantage le travail pour la première année.

D'après ces details, vous voyez, Monsieur, combien les *ruches en feuillets* sont préférables aux ruches de toute autre forme, et même à ces hausses ingénieuses dont M. *Palteau* a donné la description; car, d'abord, on ne peut pas à l'aide de ces hausses obliger les abeilles à travailler en cire plus qu'elles ne le feroient si elles étoient laissées à elles-mêmes, au Heu qu'on peut les y obliger par l'entfelacement des cadres vides. Secondement lorsqu'elles ont construit des gâteaux dans ces hausses, on ne peut pas les emporter sans déranger beaucoup d'abeilles, sans détruire des portions de couvain considérables; en un mot, sans causer dans la-, ruche un désordre réel.

Les miennes ont encore cet avantage, que chaque jour on peut observer ce qui s'y passe, et juger du moment le plus convenable pour enlever aux abeilles une partie de leur récolte. Quand on a sous les yeux tpus les gâteaux, on distingue aisément ceux qui ne contiennent que du couvain, et qu'il faut respecter. On voit jusqu'à quel point les provisions sont abondantes, et quelle part on en peut prendre.

J'allongerois trop cette lettre si je vous rendois compte de toutes mes observations sur le tems où il convient d'inspecter les ruches, sur les règles qu'il faut suivre dans les differentes saisons, et sur la proportion qu'on doit observer dans le partage qu'on fait avec ces mouches de leurs richesses. Il faudroit un ouvrage particulier pour développer ces divers détails: je m'en occuperai peut-être un jour. En, attendant, je serai toujours disposé a communiquer aux cultivateurs qui voudront suivre ma méthode, les directions dont une longue pratique m'a fait sentir l'utilité.

J'ajouterai seulement ici, qu'on court risque de ruiner absolument les ruches, quand on s'empare en trop grande mesure du miel et de la cire des abeilles. Suivant mon opinion, l'art de cultiver ces mouches consiste à user sobrement du droit de partager leurs recoltes, mais à sa dedommager de celte moderation par l'emploi de tous les moyens qui servent à multiplier les abeilles» Ainsi, par exemple, si l'on vouloit se procurer chaque annee Une certaine quantite de miel et de cire - H vaudroit mieux la chercher dans un grand nombre de ruches qu'on exploitefoit avec discrétion, que dans un petit nombre auxquelles on prendroit une trop grande partie de leurs trésors»

II est certain qu'on nuit beaucoup a la multiplication de ces mouches industrieuses, quand on leur vole plusieurs gâteaux: datas une saison peu favorable à la récolte de la cire, parce que le tems qu'elles emploient à les remplacer est pris sur celui qu'elles doivent consacrer aux soins des oeuts et des vers et le couvain en souffre. D'ailleurs, il faut toujours leur laisser une provision de miel suffisante pour l'hiver j car quoiqu'elles consomment moins dans cette Saison, elles consomment cependant j elles ne sont point eiv *Tome L* a3 gourdïes, comme quelques auteurs l'ont pretendu. Si donc elles n'ont point assez de miel, il faut leur en donner, cela exige une mesure fort exacte. () () Elles sont si peu engourdies pendant l'hiver, que lorsque le thermomètre baisse en plein air *de* plusieurs degrés-au-dessous de o, il se soutient encore à-4-24 ou 25 clans les ruches suffisamment peuplées» Les abeilles se serrent alors les unes contre les autres, et se donnent du mouvement pour conserver leur chaleur.

Swammerdam partageoit cette opinion, et je vais le laisser parler. « La chaleur d'une ruche est si consi» dérable, même au cœur de l'hiver, que le miel ne » s'y crystalise point, c'est-à-dire qu'il ne prend point » une consistance grenue, à moins que les abeilles n'y » soient en trop petit nombre; de plus, lorsque leurs » reines sont bien fecondes elles nourrissent de *miel* » leurs petit», même au milieu de l'hiver, les soignent, » les échauffent et s'échauffent aussi les unes les autres. » Je ne sache pas qu'il y ait d'autres insectes qui ayent » cela de commun avec les abeilles; car les frelons » euxmêmes, les guêpes et les bourdons, aussi bien » que les mouches et les papillons, restent engourdis » pendant tout l'hiver, sans se remuer ni changer de » place.*a*

M. deKéaumur a trouvé du couvain de tout âge dans quelques ruches, au mois de Janvier. La même chose m'est arrivée, et lorsque j'ai trouvé du. couvain dans

J'avoue que, pour determiner jusqu'à iquelpointori peut multiplier les ructies-dans un certain pays, il faudroit savoir d'abord combien 'ce pays peut en nourrir et c'est lues rucliës en hiver, le thermomètre s'y soutenoit aux tnvirons du 27.

Puisqwe je parle ici d'observations thermométriquesj faites silr lés ruches, je relèverai en passant Al. IJttbosè de Bôurg-en-Bresse, qui, dans un mémoire d'ailleurs estimable, prétend que les vers né peuvent éclore qu'à *7'j* de Béaiimur. — J'ai fait bien souvent cette expérience avec les thermomètres les plus rxaets, j'ai eil un résultat fort different. Le terme de Sa est si peu Celui qui convient aux œufs, que lorsque le thermomètre l'indique dans les ruches, la chaleur devient intolérable aux abeilles, et elles sortent. Jfe présume que ce qui a trompé M. *Dubosî*, c'est qu'il aura plongé trop brusquement son thermomètre au milieu d'un groupe d'abeilles, et qu'en les agitant par cette opération j il aura fait monter le mercure plus haut qu'il ne devait naturellement aller. Si dans ce cas il eût , attendu quelques momens, il aurait vu la liqueur redescendre entre le 28 et le 29; car c'est la température ordinaire des ruches pendant l'été. — Nous avons vu cette année, au mois d'août, le thermomètre eu plein air à 27j et à cet instant même, il ne se sOutenoit, dans nos ruches les plus peuplées, qu'aux environs du 3o. Les abeilles nesedonnoient presque pas de mouvement, et un très-grand nombre d'entr'elle» w reposoit sur le» appuis du rucher.

un problème qui n'est pas encore résolu: il tient à un autre dont la solution n'est pas mieux connue, la détermination de la plus grande distance à laquelle les abeilles s'éloignent de leurs ruches pour faire leurs récoltes. Divers auteurs assurent qu'elles peuvent s'écarter à quelques lieues de leur domicile; mais d'après le petit nombre d'observations que j'ai feiles, je crois cette distance fort exagérée. Il m'a paru que le rayon du cercle qu'elles parcourent n'a pas plus de demi-lieue. Puisqu'elles-revrennent à leur ruche avec la plus grande vitesse dès qu'un nuage passe devant le soleil, il est déjà vraisemblable qu'elles ne s'éloignent jamais beaucoup. La nature, qui leur a inspiré une si grande crainte de l'orage et même de la pluie, n'a pas dû, sans doute, leur permettre de s'écarter à des distances qui les exposeroient à recevoir trop long-tems les injures de l'air. J'ai cherché à m'en assurer plus positivement, en faisant transporter h des distances différentes de leurs ruches, et en toutes sortes de directions, des abeilles dont favois fait peindre le corselet pour les reconnoîtve à leur retour. Or il n'en est jamais revenu une seule de celles que j'avois éloignées de vingt-cinq ou trente minutes de leur domicile, tandis que celles qui ont été transportées à une distance un peu moindre, ont fort bien retrouvé leur chemin et, sont revenues. Je ne vous rapporte point cette expérience,, Monsieur, comme étant décisive. Si dan les cas ordinaires, les abeilles ne vont pas au-delà de demi-lieue il seroit très-possible qu'elles allassent beaucoup plus loin lorsque le voisinage de leurs habitatrons ne leur offre pas des fleurs» Pour rendre concluante une expérience sur ce sujet, il faudroit la faire dans de vastes plaines arides ou sablonneuses» séparées par unedistance connue de toute campagne fleurie-. Cette question ne me paroît donc point encore décidée j mais. .sans rien préjuger sur le nombre des ruches qu'un mêma canton peut nourrie, je remarquerai qu'il y a certains genres de productions végétales beaucoup pi us favorables que d'autres aux abeilles. On entretiendra par exemp-fng plus de ruches dans un pays de prairies et où l'on cultive des blés noirs, que dans un pays de vignobles ou dans les lei'res *9,* froment.

Je termine ici, Monsieur, le récit de pies observations sur les abeilles. Quoique j'aie eu le bonheur de faire quelques découvertes intéressantes, je suis loin de regarder mon travail comme fini; il reste encore sur l'histoire de ces mouches plusieurs problèmes à résoudre. Les expériences que je projette y répandront peuU tre quelque lumière. J'aurois bien plus d'espérance d'y réussir, si vous continuez, Monsieur, à me donner vos conseils et vos directions.

Agréez l'hommage de mou respect e & $e ma reconnoissauce,

FranÇois *'du premier volume.*
TABLE
PES L. E "JMT 3 E S. CONTENUES DANS CE VOLUME..

PremiÈre Lettre. *Sur la fécondation de la reine-abeille* pag-9

Lettre de M, Bonnet « M. Huber, *sur les abeilles* .,,,..,.. 48

Seconde Lettre *de M*. Huber à M. Bonnet. *Suite des observations sur la fécondation de la reine-abeille* ....-58

TroisiÈme Lettre. *Continuation du même sujet; observations sur les reinesabeilles dont la fécondation est retardée..* 04î

Quatrieme Lettre,, *sur la découverte de M. Schir?ch,....,..* 13a

CinquiÈme Lettre, *Expériences qui prouvent qu'il y a quelquefois dans les ruches des abeilles ouvrières qui pondent des œufs féconds* ,,.,... i4y

SixiÈme Lettre, *sur les combats des reines, sur le. massacre des mâles , et sur ce qui arrive dans une ruche quand on substitue à sa rein.e natr.elle une reine étrangère.* 16g

SeptiÈme Lettre. *Suite (tes expériences sur la manière dont les abeilles reçoivent une reine étrangère: observations de* M. de Réauraur *sur ce sujet* .... pag. 200

Huitieme Lettre. *La reine-abeille est-elle ovipare? Recherches sur la manière dont les vers des abeilles filent la soie de leurs coques. Quelle est l'influence de la grandeur des cellules où les œufs sont déposés,, sur la taille des mouches qui en proviennent'?* 208

NeuviÈme Lettre. *Sur la formation des essaims* .,...,... a4o

DixiÈme Lettre. *Continuation du mêmesujet* ,3y5

OnziÈme Lettre. *Continuation du mêm& sujet* ,....».,. 3oa

DouziÈme Lettre. *Nouveaux détails sur les reines qui ne pondent que des. œufs d& faux-bourdons., et sur celles que lonprivç de leurs antennes.* , _». . 3i6

TreiziÈme Lettre, *Vues économiques surles abeilles* ...,,.-., 335

Fia de la Table *Explication de la seconde Planche.*

La figure i." représente les parties propres aux mâles des abeilles, telles qu'elles sont, lorsqu'après avoir ouvert leur corps, on les en a tirées, et qu'on les a étendues, afin que les unes ne cachassent pas les autres. *a* Le bout postérieur du corps, le-dessus du dernier anneau.

«s, Les vésicules séminales.
dd, Les vaisseaux déférens. 99, Etranglement par lequel les vaisseaux déférens communiquent avec les vésicules séminales. *xx,* Vaisseaux tortueux, qui ont plus de longueur qu'ils n'en ont ici, et qui se rendent aux testicules. *tt,* Les testicules. *r,* Canal dans lequel les vésicules séminales peuvent porter leur liqueur laiteuse, et que *Swammerdam* appelle *la racine du pénis. l,* L'endroit où le canal précédent se joint au corps que nous avons nommé *la lentille. li,* La lentille. *ie, ie,* Deux plaques brunes et écailleuses ou cartilagineuses, qui fortifient la lentille, près d'un de ses bortts. *n,* Antre plaque cartilagineuse.

Sur la face de la lentille qui ne sauroit paroître dans cette figure, il v a deux plaques semblables à celles qvù sont marquées *ie,* et *n;* elles y sont semblablemenf placées.

k, Canal fait de membranes plissées, qui part du bout postérieur de la lentille. *p,* Palettegauderonnée. *u,* L'arc; il paroît au travers des membranes qui le Couvrent. *m,* Le» membranes qui forment cette espèce de sac charnu, qui, lorsqu'il est hors dû corps, a à son bout Un masque velu. *ce,* Les deux cornes dont l'une est étendue, l'antre cstpliée; elles le sont toutes deux, naturellement et plus pliées que celle qui l'est ici.

La fig; 2 représente celle partie des mâles qui reste engagée dans la partie postérieure des femelles après l'accouplement, et que *M.* de Réaumur a appelée *ld lentille. li,* Le corps lenticulaire vu à la loupe en face.

r; Fragment du canal que *Stvammerdam* a appelé là *racine du pénis* et qui se rompt en bel endroit, quand le mâle se sépare de la femelle après l'accouplement *îe, ie,* Deux lames écaillenses qui font l'office de pinces. *n, n,* Deux lames cartilagineuses qui sont pins courtes que les premières et qui les accompagnent. , La partie que j'ai appelée la *verge* ou le *pénin*